Zaratustra, Tragédia Nietzschiana

Roberto Machado

Zaratustra, Tragédia Nietzschiana

4ª edição

ZAHAR

Jorge Zahar Editor Ltda.
rua Marquês de S. Vicente 99 – 1º
22451-041 Rio de Janeiro, RJ
tel (21) 2529-4750 | fax (21) 2529-4787
editora@zahar.com.br | www.zahar.com.br

Edições anteriores: 1997, 1999, 2001

Capa: Carol Sá
Ilustração da capa: *Dioniso*, óleo sobre papel, de Zaven Paré

Composição: Textos & Formas

CIP-Brasil. Catalogação-na-fonte
Sindicato Nacional dos Editores de Livros, RJ

M133z
4.ed.

Machado, Roberto, 1942-
Zaratustra, tragédia Nietzschiana / Roberto Machado. – 4.ed. – Rio de Janeiro: Zahar, 2011.

Inclui bibliografia e índice
ISBN 978-85-7110-400-6

1. Nietzsche, Friedrich Wilhelm, 1844-1900. Assim falou Zaratustra. 2. Filosofia alemã. I. Título.

11-5031

CDD: 193
CDU: 1(44)

Sumário

Lista e abreviações das obras de Nietzsche

NT *O nascimento da tragédia* 1872

CE *Considerações extemporâneas*

I. *David Strauss, o devoto e o escritor* 1873

II. *Da utilidade e desvantagem da história para a vida* 1874

III. *Schopenhauer como educador* 1874

IV. *Richard Wagner em Bayreuth* 1876

HDH I *Humano, demasiado humano I* 1878

HDH II *Humano, demasiado humano II*

Opiniões e sentenças variadas 1879

O andarilho e sua sombra 1880

A *Aurora* 1881

GC *A gaia ciência* 1882

Z *Assim falou Zaratustra* 1883-85

BM *Além do bem e do mal* 1886

GM *Genealogia da moral* 1887

CW *O caso Wagner* 1888

CI *O crepúsculo dos ídolos* 1889

AC *O anti-Cristo* 1895

EH *Ecce homo* 1908

NW *Nietzsche contra Wagner* 1895

INTRODUÇÃO

Assim falou Zaratustra e o pensamento trágico

O nascimento da tragédia

Uma boa maneira de compreender, tanto do ponto de vista da forma de conteúdo quanto da forma de expressão, o projeto de *Assim falou Zaratustra* é situá-lo com relação a *O nascimento da tragédia*, primeiro livro de Nietzsche, escrito em 1871.

O nascimento da tragédia tem dois objetivos principais: a crítica da racionalidade conceitual instaurada na filosofia por Sócrates e Platão; a apresentação da arte trágica, expressão das pulsões artísticas dionisíaca e apolínea, como alternativa à racionalidade. Razão, para o Nietzsche da época, é um modo de "representação que procede por conceitos e combinações lógicas".[1] E a "estética racionalista" socrática é a que introduz na arte a lógica, a teoria, o conceito, no sentido em que a criação artística deve derivar da postura crítica. Subordinando a beleza à razão, essa atitude desclassifica, desvaloriza o poeta trágico por não ter consciência do que faz e não apresentar claramente o seu saber.

Essa antinomia entre arte trágica e metafísica racional, apresentada por Nietzsche em *O nascimento da tragédia*, significa, portanto, duas coisas: por um lado, o "socratis-

1. Nietzsche, "A filosofia na época trágica dos gregos", §5. *Sämtliche Werke*,1, p.823; tr. fr., p.229.

mo estético" subordinou o poeta ao teórico, ao pensador racional, e considerou a tragédia irracional, isto é, um compromisso de causas sem efeito e de efeitos sem causa; por outro lado, a arte trágica é a atividade que dá acesso às questões fundamentais da existência, e se constitui, ainda hoje, como antídoto à metafísica racional.

O motivo é que, enquanto a metafísica é incapaz de expressar o mundo, em sua tragicidade, pela prevalência que concede à verdade em detrimento da ilusão, ou pela oposição que estabelece entre a essência e a aparência, na arte a experiência da verdade se faz indissoluvelmente ligada à beleza, que é uma ilusão, uma aparência; enquanto o espírito científico — a crença na penetrabilidade da natureza e na virtude da panacéia do saber[2] — acredita que o pensamento, seguindo o fio da causalidade, pode conhecer o ser em seus abismos mais longínquos e até mesmo corrigi-lo, curar a ferida da existência,[3] a experiência trágica, com sua música e seu mito, é capaz de justificar a existência do "pior dos mundos", transfigurando-o.[4]

Daí, no âmago dessa problemática e do ponto de vista da forma de expressão, o antagonismo entre o conceito e a palavra poética, ou, melhor ainda, o canto. Se a maravilha da arte grega é não estar impregnada de conceito, foi justamente o fato de o saber trágico não ser nem poder ser expresso conceitualmente — isto é, exposto e comprovado logicamente — que o fez ser negado ou desclassificado pelo saber racional. E essa negação do trágico liga-se intrinsecamente, segundo Nietzsche, à rejeição da música. A tragédia morre quando a música é expulsa do teatro, e este se torna uma mera ilustração de conceitos. Deste modo, é possível dizer que, no início da reflexão filosófica nietzschiana, o conceito é uma palavra enfra-

2. Cf. NT, §24.
3. Cf. NT, §15, §18.
4. Analisei essas idéias em *Nietzsche e a verdade*.

quecida pela distância em que se encontra da expressividade musical do trágico e o canto é o que eleva a palavra ao ápice de sua musicalidade, fazendo-a encontrar ou reencontrar a sua força originária.[5]

Mas a análise do nascimento e da morte da tragédia é toda ela realizada em função do presente, da atualidade. Neste sentido, *O nascimento da tragédia* tem um terceiro objetivo, sem o qual o livro não pode ser inteiramente compreendido: a denúncia do mundo moderno como uma civilização socrática e a tentativa de descortinar o renascimento da tragédia ou da visão trágica do mundo em algumas manifestações culturais da modernidade.

Qual é a condição para que se dê o retorno ou o renascimento da tragédia? Nietzsche o enuncia claramente: que o espírito científico deixe de ser ilimitado e sua pretensão a uma validade universal seja aniquilada;[6] isto é, que o homem moderno, seguindo o exemplo de Goethe, Schiller, Winckelman, se coloque na escola dos gregos para aprender a importância da música e do mito trágico, que têm o dionisíaco como matriz comum.[7] A vontade nietzschiana de tocar seu tempo com seu pensamento apóia-se, nessa época, basicamente nos trágicos gregos, como se pode perceber pelo modo enfático como termina sua conferência "O drama musical grego", dizendo: "o que esperamos do futuro já foi uma vez realidade — em um passado que tem mais de dois mil anos". Ora, a condição, pensa Nietzsche então, para o ressurgimento da experiência trágica já começa a se realizar, visto que o homem moderno começa a pressentir os limites do prazer socrático do conhecimento, dessa "concupiscência de saber".[8]

---

5. Cf., por exemplo, Sarah Kofman, *Nietzsche et la métaphore* e Rosana Suarez, *Linguagem e arte nos primeiros escritos de Nietzsche.*
6. Cf. NT, §17.
7. Cf. NT, §20, §23.
8. Cf. NT, §18, §19.

E onde encontra Nietzsche os presságios do "despertar progressivo" do espírito dionisíaco? Na música e na filosofia. Por um lado, a música de Bach, Beethoven e Wagner, sobretudo Wagner, o grande motivador e inspirador das análises de Nietzsche, a quem o livro é dedicado e que é celebrado, nesse momento, como um sublime precursor na luta pelo reconhecimento de que "a arte é a tarefa suprema e atividade propriamente metafísica desta vida". Por outro lado, as filosofias de Kant e Schopenhauer, que teriam brotado das mesmas fontes dionisíacas que a música e aniquilado o socratismo científico e seu prazer satisfeito da existência, evidenciando seus limites e introduzindo "uma concepção infinitamente mais séria e profunda das questões da ética e da arte — que não hesitarei em definir como uma *sabedoria dionisíaca* exposta em conceitos".[9]

Vemos, portanto, que a questão kantiana dos limites do conhecimento aparece, para o Nietzsche do início dos anos 70, como a condição do renascimento da tragédia por invalidar a pretensão do espírito científico socrático de penetrar, seguindo as leis da causalidade, na essência das coisas, separando a verdade da aparência. Se Kant e Schopenhauer conseguiram a mais difícil das vitórias sobre o otimismo socrático foi porque demonstraram que as leis do espaço, do tempo e da causalidade, em vez de serem incondicionadas e possuírem validade universal, só serviam para erigir o fenômeno em única realidade, colocando-o no lugar da essência das coisas.

A autocrítica

Dezesseis anos depois, em agosto de 1886, ano em que redige prefácios a quase todos os seus livros anteriores, Nietzsche escreve uma importante "Tentativa de autocrí-

---

9. NT, §19.

tica" a *O nascimento da tragédia*. Um dos objetivos dessa autocrítica é ressaltar a importância e a novidade do problema central abordado pelo livro: a racionalidade científico-filosófica vista, pela primeira vez, como suspeita, por uma análise realizada na ótica da arte trágica.[10] No entanto, ele considera *O nascimento da tragédia* um livro "estranho", "difícil", "problemático" e até mesmo "impossível". Por quê? Por duas razões complementares. Uma diz respeito à forma de conteúdo; a outra, ao estilo, à forma de expressão.

A crítica ao conteúdo incide, principalmente, sobre os dois grandes inspiradores da primeira filosofia de Nietzsche: Wagner e Schopenhauer. É assim que ele lamentará ter estragado a análise do problema grego, ligando-o ao menos grego de todos os movimentos artísticos, o de Wagner. Se, ainda na quarta das *Considerações extemporâneas*, *Richard Wagner em Bayreuth*, o músico é comparado a Ésquilo, que Nietzsche considera o ápice da tragédia grega, e apontado como aquele que mostra o caminho da arte do futuro,[11] agora ele será considerado um romântico e, portanto, o contrário de um dionisíaco. Idéia explicitada em um dos textos mais esclarecedores sobre a posição final de Nietzsche a respeito de Wagner e Schopenhauer, o §370 de *A gaia ciência*, intitulado "O que é o romantismo?", o qual, referindo-se aos grandes erros, superestimações e equívocos de *O nascimento da tragédia* em relação a eles, define o romantismo como "uma resposta aos que sofrem de um empobrecimento da vida e procuram repouso na arte e no conhecimento".

---

10. Em carta de 22 de dezembro de 1888, a Peter Gast, Nietzsche afirma: "Ontem reli *O nascimento da tragédia*: é uma obra indescritível, profunda, delicada, feliz."

11. CE IV, *Richard Wagner em Bayreuth*, §9. No fragmento póstumo 41 [2(9)], de agosto-setembro de 1885, Nietzsche anota que foi no verão de 1876 que ele abjurou a fé em Wagner e tudo o que ela implica. Cf. o fragmento 9[42], do outono de 1887.

Posição semelhante à de Goethe quando nas *Conversações com Eckermann* identifica o clássico com o saudável e o romântico com o doente.

A crítica de Wagner, como a de Schopenhauer, não é nova na trajetória de Nietzsche. Ela havia se tornado pública em *Humano, demasiado humano*, de 1878, e a partir de então só fez aumentar, levando-o, por exemplo, em *Ecce homo*, a justificar sua paixão juvenil por Wagner com esse curioso argumento: "Um psicólogo poderia ainda acrescentar que o que eu ouvi na música wagneriana, quando jovem, nada tem a ver em absoluto com Wagner; que, ao descrever a música dionisíaca, descrevi *aquilo* que *eu* havia escutado — que eu, instintivamente, tudo traduzia e transfigurava no novo espírito que trazia em mim".[12] Depois da ruptura, mesmo jamais tendo esquecido a importância que este teve para ele, Wagner será considerado por Nietzsche anti-semita, doente, cristão, piedoso, sentimental, decadente, niilista, enganador, além de representante de um estilo excessivo, exagerado, enfático, artificial, teatral, suntuoso, grave, carregado.

É assim também que ele denuncia as fórmulas kantianas e schopenhauerianas — como, por exemplo, fenômeno e coisa em si, vontade e representação — utilizadas no livro para expressar a nova interpretação que ele propunha. Cita inclusive uma passagem em que Schopenhauer pensa a tragédia como um caminho de resignação, de renúncia, de abdicação, proveniente do conhecimento de que a vida não é capaz de nos proporcionar uma verdadeira satisfação, sendo portanto indigna de nosso apego. "Como era diferente a linguagem que me falava Dioniso!", exclama Nietzsche, ele sim indignado.[13] E, ainda em *Ecce homo*, seu último livro, depois de procla-

12. EH, "O nascimento da tragédia", §4. Sobre as posições de Nietzsche em relação a Wagner, cf. *Nietzsche e a música*, de Rosa Maria Dias.
13. "Tentativa de autocrítica", §6.

mar que Schopenhauer — que havia sido reverenciado como inigualável no primeiro livro — enganou-se em tudo, Nietzsche reafirmará que *O nascimento da tragédia* está, em algumas fórmulas, impregnado do "perfume fúnebre de Schopenhauer".[14]

A crítica ao estilo diz respeito à incompatibilidade que transparece no livro entre o conteúdo da denúncia — a morte do trágico pelo saber racional — e a expressão da denúncia, a linguagem em que esta é formulada. É que "aquela alma nova", que já era a sua naquele momento, ao fazer a apologia da arte trágica em detrimento da racionalidade, não deveria ter utilizado uma linguagem sistemática e conceitual: "deveria ter cantado". "Que pena que eu não tenha ousado dizer como poeta o que eu tinha então a dizer: talvez eu tivesse sido capaz".[15] Se a tragédia nasce do coro trágico e morre porque perde o espírito da música, ao ser subordinada ao conceito, um livro como *O nascimento da tragédia*, ao pretender demonstrar conceitualmente essas duas teses, não estaria, do ponto de vista da forma de expressão, mais próximo do racionalismo socrático do que da poesia trágica, mesmo que tivesse a intenção de se posicionar ao lado desta última? Que validade poderá ter uma crítica total da razão feita a partir da razão? Que sentido poderá ter apelar para a razão contra a razão?

Ao levantar essa questão, no prefácio de 1886, Nietzsche está mais uma vez, e agora no último período de sua criação filosófica, salientando o antagonismo entre discurso racional e arte trágica. Mas, ao mesmo tempo, e sobretudo, está apontando uma dificuldade para toda filosofia, que, como a sua, reivindica uma postura trágica, e, portanto, precisa se expressar numa linguagem ade-

14. Cf. NT, §20; EH, "O nascimento da tragédia", §1.
15. "Tentativa de autocrítica", §3.

quada a essa visão do mundo: uma linguagem artística e não científica, figurada e não conceitual.

Ora, se essa dificuldade não parece, aos olhos de Nietzsche, intransponível, isso se deve, principalmente, ao livro que, um ano antes, ele havia concluído e que destaca como a parte de sua filosofia que diz sim: *Assim falou Zaratustra.*[16] Não será, a esse respeito, sintomático que a "Tentativa de autocrítica" se encerre com um trecho desse livro, sobre a alegria trágica, logo depois de Zaratustra, o personagem central, ser chamado de "demônio dionisíaco"? Na obra de Nietzsche, *Assim falou Zaratustra* — "acontecimento sem precedente, sem exemplo, sem comparação em toda a literatura"[17] — é o canto que, em 1886, ele lamentou não ter cantado com seu primeiro livro, significando, a meu ver, sua tentativa mais radical de evitar a contradição que é lutar contra a razão através de uma forma de pensamento submetida à razão; sua tentativa mais radical de seguir a via da arte para levar a filosofia além ou aquém da pura razão; sua tentativa mais radical de fazer a forma de expressão artística criar a temática filosófica trágica.

Zaratustra *na obra de Nietzsche*

Situemos a posição ímpar que o *Zaratustra* ocupa na obra de Nietzsche. Em primeiro lugar, quanto ao conteúdo. É indubitável que desde *Humano, demasiado humano*, de 1878, e em seguida com *Aurora*, de 1881, Nietzsche cada vez mais se afasta da problemática da "metafísica de artista", que orientava *O nascimento da tragédia*, e portanto de Wagner e Schopenhauer. No entanto, é com o *Zaratustra* que ele atinge a maturidade, no sentido em que aparecem nesse livro pela primeira vez, ou são dessa

---

16. Cf. EH, "Além do bem e do mal", §1.
17. *Fragmentos póstumos*, verão de 1886-primavera de 1887, 6[4].

época, os temas mais singulares, mais originais de sua filosofia. *Zaratustra*, "a mais livre de minhas produções",[18] inaugura o terceiro e último período da filosofia de Nietzsche.

É, por exemplo, o que pensa Karl Löwith, em *A filosofia nietzschiana do eterno retorno do mesmo*, quando, ao distinguir três períodos na obra de Nietzsche, considera o último, iniciado com o *Zaratustra* — em que pode ser encontrado todo o seu pensamento posterior —, o único que contém sua verdadeira filosofia, a filosofia do eterno retorno considerado como ultrapassagem do niilismo extremo.[19] É também o que diz Eugen Fink em *A filosofia de Nietzsche*, no início do capítulo significativamente intitulado "A anunciação": "Com *Zaratustra* começa o terceiro período, o período definitivo da filosofia de Nietzsche... Depois do início romântico... depois da reação científico-desmistificadora, Nietzsche encontra agora sua verdadeira natureza, esclarece suas idéias fundamentais e decisivas... No *Zaratustra*, Nietzsche encontra sua própria linguagem para seus próprios pensamentos".[20] Essa posição do *Zaratustra* como marco da maturidade do pensamento de Nietzsche é inclusive ressaltada por Charles Andler, que — como outros — não segue estritamente o "hábito de reconhecer três períodos em sua filosofia": o "pessimismo romântico" (1869-76), o "positivismo cético" (1876-81) e a "reconstrução" (1882-88). Ao sistematizar o pensamento de Nietzsche a partir de duas "inspirações criadoras", de "duas grandes intuições sentimentais", Andler defende que, se a primeira advém da descoberta de Schopenhauer e de Wagner, a segunda data da criação do *Zaratustra*, a ponto de os

---

18. Carta a Peter Gast, 10 de janeiro de 1883.
19. Karl Löwith, *Nietzsches Philosophie der Ewigen Widerkehr des Geichen*, cap.II, "A periodização dos escritos de Nietzsche".
20. Eugen Fink, *Nietzsches Philosophie*, p.59-60, tr. fr., p.75.

livros seguintes poderem ser considerados puros comentários e apêndices críticos dessa obra.[21] E se é verdade, como diz Heidegger, que os cinco termos capitais da filosofia de Nietzsche são "niilismo", "transvaloração de todos os valores", "super-homem", "vontade de potência" e "eterno retorno", está mais uma vez indicada a importância do *Zaratustra*.[22] Pois, como pretendo mostrar, os temas expressos por esses termos determinam justamente o conteúdo do livro que Nietzsche considerou a parte afirmativa de sua filosofia.

Mas a posição ímpar do *Zaratustra* está sobretudo em pretender realizar a adequação entre conteúdo e expressão, o que faz dele uma obra de filosofia e, ao mesmo tempo, uma obra de arte, o canto que Nietzsche não cantou em seu primeiro livro, e que permite considerá-lo o ápice de sua filosofia trágica.

O caráter artístico de *Assim falou Zaratustra* é inegável. Deleuze, para dar um único exemplo, considera Nietzsche um homem de teatro, no sentido de que introduziu o teatro na filosofia e, com o teatro, novos meios de expressão que transformaram o pensamento filosófico. E, ao fazer essa afirmação, refere-se explicitamente ao *Zaratustra*, que considera inteiramente concebido na filosofia, isto é, como uma obra de filosofia, mas, ao mesmo tempo, concebido para a cena, isto é, como o teatro nietzschiano da vontade de potência e do eterno retorno.[23]

Esta singularidade estilística do *Zaratustra* se manifesta de duas maneiras principais: a) pelo deslocamento de uma linguagem conceitual a uma linguagem artística, ou, mais precisamente, a uma linguagem poética; b) pelo deslocamento de uma linguagem sistemática, argumen-

---

21. Cf. Charles Andler, *Nietzsche, sa vie et sa pensée*, II, p.12-6.
22. Cf. Martin Heidegger, *Nietzsche*, II, tr. fr., p.38.
23. Cf. Gilles Deleuze, "Conclusions — sur la volonté de puissance et l'éternel retour", in *Nietzsche, Cahiers de Royaumont*, 1967, p.287 e *Différence et répetition*, p.16-20; tr. br., p.32-6.

tativa, que propõe uma teoria, característica da filosofia em quase sua totalidade, a uma linguagem construída de forma narrativa e dramática.

A forma poética do Zaratustra

O primeiro aspecto refere-se ao elemento da construção da narrativa: a palavra poética. "Também Zaratustra é um poeta", diz "Dos poetas", na segunda parte do livro. Parto do princípio de que, ao escrever *Assim falou Zaratustra*, Nietzsche não está propriamente interessado em renovar ou modificar os conceitos da filosofia; seu objetivo principal, do ponto de vista da forma de expressão, é libertar a palavra da universalidade do conceito, construindo um pensamento filosófico através da palavra poética, mais do que, como nas outras obras, através do uso do aforismo, do fragmento ou mesmo do ensaio.[24]

É verdade que em um fragmento póstumo Nietzsche relaciona explicitamente filosofia e conceito: "Os filósofos ... não devem mais se contentar em aceitar os conceitos que lhes são dados, para apenas limpá-los e fazê-los reluzir; é preciso que comecem a *fabricá-los*, *criá-los*, colocá-los, e persuadir os homens a recorrer a eles."[25]

24. Eis algumas afirmações que corroboram essa idéia. Em carta de 22 de dezembro de 1883, Erwin Rohde, felicitando Nietzsche pela forma mais livre de exposição de seu pensamento, considera o *Zaratustra* um "instrutivo poema", "a forma autêntica de seu pensamento", o que leva Nietzsche a responder, dois meses depois, que "permaneceu poeta sem restrição..." (in Curt Paul Janz, *Friedrich Nietzsche — Biographie*, III, tr. fr., p.21). O próprio Janz caracteriza o livro como "poema filosófico-didático", ibid., II, p.362, p.486. Roger Hollinrake, que o considera um poema em prosa, cita carta de Josef Paneth de 3 de janeiro de 1884, que diz ter Nietzsche se referido à obra como um poema (*Nietzsche e Wagner. A filosofia do pessimismo*, p.18). Cita também carta a E.W. Fritzsch de 29 de agosto de 1886 em que Nietzsche se refere ao *Zaratustra* como "um acontecimento na literatura *e* filosofia *e* poesia *e* moral etc. etc..." (p.19).

25. *Fragmentos póstumos*, abril-junho de 1885, 34[195].

Gilles Deleuze utiliza esse fragmento, em *Qu'est-ce que la philosophie*, para ilustrar sua tese de que, enquanto a ciência cria funções e a arte, agregados sensíveis, a filosofia é criação de conceitos. E, efetivamente, esse pensamento de Nietzsche vai no sentido exato da posição defendida por Deleuze, que já formulava esta tese a respeito de Nietzsche desde *Nietzsche et la philosophie*, ao defender que "nunca um jogo de imagens substituiu para Nietzsche um jogo mais profundo, o dos conceitos e do pensamento filosófico".[26] Mas, além de salientar que esse fragmento é uma exceção ao que Nietzsche disse em geral sobre a questão, gostaria de esclarecer dois pontos a respeito dessa interpretação de Deleuze: primeiro, que, ao fazer o elogio da criação de conceitos, em sua crítica da filosofia da representação e proposta de uma filosofia da diferença, Deleuze já está pensando, sob a inspiração de Nietzsche — e diferentemente da tradição filosófica em geral —, tanto essa criação quanto o próprio conceito como singularidades; segundo, que Deleuze não desconhece a originalidade do *Zaratustra* em relação ao resto da obra de Nietzsche nesse seu livro mais recente: apresenta-o como exemplo de interferência intrínseca dos planos da filosofia e da arte, no sentido em que os conceitos e personagens conceituais deslizam tão sutilmente entre as sensações e figuras estéticas que criam planos complexos difíceis de qualificar.[27] Deste modo, Zaratustra, segundo Deleuze, é tanto um personagem conceitual quanto uma figura de música e de teatro.

Não há dúvida de que *Assim falou Zaratustra* é obra de um filósofo, e, até mesmo, sua obra mais importante. Contudo, a meu ver, a dicotomia arte-filosofia — que ele denunciou em *O nascimento da tragédia*, com a crítica

26. Gilles Deleuze, *Nietzsche et la philosophie*, p.35.
27. Cf. Deleuze e Guattari, *Qu'est-ce que la philosophie*, p.11, 64, 205.

ao socratismo, e denunciará na "Tentativa de autocrítica" como estando presente no estilo conceitual de seu primeiro livro —, é agora neutralizada pelo projeto de fazer da poesia o meio de apresentação de um pensamento filosófico não conceitual e não demonstrativo. Um pensamento emancipado, portanto, da razão. *Assim falou Zaratustra* é um livro daquele e para aquele que, "onde pode adivinhar, detesta inferir",[28] daquele e para aquele que pensa ter pouco valor o que precisa ser provado, daquele e para aquele que admira a potência do "grande estilo": "a potência que não tem mais necessidade de prova, que desdenha agradar, que dificilmente dá resposta, que não sente testemunhas por perto, que vive sem se dar conta de que existe oposição a ela, que repousa *em si,* fatalista, uma lei entre leis".[29]

É importante notar que, com sua forma poético-dramática, *Zaratustra* é a realização do projeto wagneriano, tal como Nietzsche o havia interpretado no primeiro período de sua filosofia, ou, mais precisamente, aparece em continuidade com o que Nietzsche dizia, em *Richard Wagner em Bayreuth*, sobre o modo como Wagner lida com a música e o mito. Tal como pensa Nietzsche nessa época, a missão singular de Wagner teria sido reintroduzir o mito no mundo e libertar a música enfeitiçada, fazê-la falar, através de sua força dramática. E a semelhança entre a proposta da filosofia artística de *Assim falou Zaratustra* e a obra de Wagner, tal como é apresentada nesse estudo,

28. "Da visão e do enigma", §1.

29. CI, "O problema de Sócrates", §5; "Incursões de um extemporâneo", §11. Um fragmento da época do *Zaratustra* diz: "O verdadeiro objetivo de todo o modo de filosofar, a *intuitio mystical* ", *Fragmentos póstumos*, verão-outono de 1884, 26[308]. EH ("Por que escrevo tão bons livros", §4) define o sentido do estilo como sendo: "*Comunicar* um estado, uma tensão interna de *pathos* por meios de signos, incluído o *tempo* desses signos". Mesmo livro que no §3 de seu "Prólogo" afirmava: "Eu não refuto os ideais, apenas calço luvas diante deles". Sobre o "grande estilo", cf. também, HDH II, *O andarilho e sua sombra*, §96; A, §59; *Fragmentos póstumos*, primavera de 1888, 14[61].

evidencia-se claramente quando, pouco depois, Nietzsche afirma que o gênio poético de Wagner está no fato de ele pensar por acontecimentos visíveis e sensíveis, e não por conceitos, isto é, em pensar por mitos, que exprimem uma representação do mundo por uma série de fatos, de atos. Sentindo que o primeiro perigo, quando os heróis e deuses dos dramas tivessem de se exprimir por palavras, era que essa linguagem verbal despertasse o homem teórico, Wagner forçou a linguagem a voltar a seu estado de origem, em que ela não pensa por conceitos, em que ela ainda é poesia, imagem, sentimento.[30]

Em *Assim falou Zaratustra*, a forma poética de filosofar tem como ápice o eterno retorno, pensamento trágico que só pode ser adequadamente enunciado através do canto, da palavra poética. Em outros termos, o eterno retorno, "a mais alta fórmula de afirmação até hoje atingida", como diz *Ecce homo*,[31] tem como forma de expressão apropriada o "ditirambo dionisíaco", forma suprema da palavra, a respeito da qual disse Nietzsche, também em *Ecce homo*, que com ele voou "milhares de milhas acima e além do que até então se chamava poesia".[32] O eterno retorno está ligado a um novo canto, a uma nova lira, como é explicitamente dito em "O convalescente", na terceira parte da obra, retomando, a meu ver, uma idéia de *O nascimento da tragédia*, que, ao estabelecer a relação entre os componentes da tragédia a partir da poesia lírica, apresenta a palavra e a música como seus componentes apolíneo e dionisíaco e salienta a prevalência da música nessa relação. Mas não se pode restringir a problemática do canto, da música, da poesia,

30. Nietzsche, *Considerações extemporâneas*, IV, §8, §9, *Sämtliche Werke*, 1, p.476-7, p.485-8; tr. fr., II, 2, p.139, p.146-9.
31. EH, "Assim Falou Zaratustra", §1.
32. EH, "Por que escrevo tão bons livros", §4.

unicamente aos ditirambos que o enunciam. O projeto de Nietzsche em *Assim falou Zaratustra* é ainda mais ambicioso. Não diz ele em *Ecce homo* que todo o *Zaratustra* é um ditirambo à solidão,[33] e não fala dele algumas vezes como dança, como música e até mesmo como uma sinfonia?[34]

Que sentido dar a essas afirmações? Por que o *Zaratustra,* um livro, seria música? A meu ver, porque realiza o projeto nietzschiano de fazer a escrita atingir a perfeição da música, considerada sempre por ele, na esteira de Wagner e de Schopenhauer, a arte superior, como sugere este fragmento de 1887: "*Comparada com a música,* toda comunicação por *palavras* é vergonhosa; as palavras diluem e brutalizam; as palavras despersonalizam; as palavras tornam o incomum comum".[35] Em minha hipótese, considerar o *Zaratustra* canto significa dizer que nele a palavra canta pela própria musicalidade da palavra. Não será isso o que indica *Ecce homo* quando, ao dizer que o *Zaratustra* é música, explicita essa idéia — em um sentido que evidencia o quanto Nietzsche já está distante do privilégio que Schopenhauer dá à música em sentido estrito, e da fundamentação metafísica que apresenta para isso, que determinou a concepção de *O nascimento da tragédia* —, afirmando que ele implica o renascimento da arte de ouvir; que ele é a eloqüência tornada música pelo retorno da linguagem à natureza da imagem?[36] E não estará essa idéia em continuidade com as afirmações de Nietzsche de que escrever é dançar com a pena, de que

---

33. EH, "Por que sou tão sábio", §8.
34. Charles Andler vê o *Zaratustra* como sinfonia e poema (Cf. *Nietzsche, sa vie et sa pensée,* II, p.12). Em um livro recente (*Nietzsche, le rire et le tragique*), Alexis Philonenko considera Nietzsche um poeta maior (p.5) e o *Zaratustra,* além de um poema (p.118), uma "grande ópera", fazendo a conjectura de que ele "obedece a uma *música interior* que apenas seu autor podia exteriorizar ao piano" (p.120).
35. *Fragmentos póstumos,* outono de 1887, 10[60].
36. Cf. EH, "Assim falou Zaratustra", §1 e §6.

o maior desejo de um filósofo é ser um bom dançarino?[37] E nesse sentido, é engraçado ver Nietzsche imaginar, no "Epílogo" de *A gaia giência*, os espíritos risonhos de seu livro protestarem, gritando-lhe: "Não suportamos mais; fora com essa música de corvo fúnebre! Não estamos no âmago da mais radiante das manhãs? Sobre um relvado verde e macio, reino da dança? Houve algum dia hora mais favorável à alegria? Quem nos cantará uma canção tão ensolarada, tão leve, tão aérea que *não* espante nem mesmo as cigarras — que, em vez disso, as convide a cantar e a dançar conosco?". Mesmo que tenha apresentado justificações diferentes para isso, em diversos momentos da elaboração de seu pensamento filosófico, Nietzsche sempre foi sensível ao caráter afirmador, transfigurador da vida que a música possui. E *Assim falou Zaratustra* é uma expressão disso.

A forma narrativo-dramática do Zaratustra

O segundo aspecto diz respeito à estrutura da obra. "Desconfiamos de todos os homens de sistema, os evitamos cuidadosamente — a vontade de sistema é, ao menos para nós pensadores, algo que compromete, uma forma de imoralidade."[38] "Não sou bastante limitado para um sistema — nem mesmo para *mon* sistema."[39] A obra de Nietzsche sempre foi espantosamente coerente com essas anotações feitas nos últimos anos de sua vida lúcida. Só que *Assim falou Zaratustra* pretende escapar da idéia de sistema ou de tratado de um modo específico: através da narrativa e do drama, formas que, em consonância com a temática do apolíneo e do dionisíaco, aproximam o

37. Cf., por exemplo, CI, "O que os alemães estão perdendo", §7; GC, §381.
38. *Fragmentos póstumos*, primavera de 1888, 15[118]. Cf. primavera de 1884, 25[449].
39. *Fragmentos póstumos*, outono de 1887, 10[146].

livro, tanto da epopéia quanto da tragédia. E que não se aponte contra essa idéia o título do livro, *Assim* falou *Zaratustra*, para indicar que há nele mais discurso do que ação, pois é sempre possível lembrar que "O drama musical grego", um dos primeiros escritos de Nietzsche, diz que "a antiga tragédia era pobre de ação e de tensão: pode-se dizer que ela não visava à ação (*drama*), mas ao sofrimento, ao *pathos*";[40] como também é possível lembrar que, desta vez lamentando que se traduza a palavra grega "*drama*" por ação, *O caso Wagner*, um de seus últimos livros, salienta que "o drama antigo tinha em vista grandes cenas *declamatórias*, o que excluía a ação (esta acontecia *antes* ou atrás da cena)".[41]

E não se entenda por isso que o livro não tem ação dramática. *Assim falou Zaratustra* é uma narrativa dramática que tem como principal objetivo apresentar as experiências do personagem central. Que tipo de experiência? Em 1883, Nietzsche fez a seguinte anotação a esse respeito: "Expor, a propósito de Zaratustra, o ideal dos sacrifícios necessários: abandonar seu lugar natal, sua família, sua pátria. Viver sob o desprezo da moralidade reinante. Tormento das tentativas e dos fracassos. Desligamentos de todas as alegrias que oferecem os antigos ideais (há neles um gosto às vezes hostil, às vezes insólito)". Essa experiência tem nome na linguagem de Nietzsche. Ao apresentar, no §342 de *A gaia ciência*, o início da trajetória do personagem central do livro seguinte como um declínio, um ocaso, uma descida, Nietzsche significativamente o intitulou *Incipit tragoedia*, "começa a tragédia". Eis a palavra essencial: *Assim falou Zaratustra* — que inicia com a reprodução desse último aforismo da primeira edição de *A gaia ciência*, quase sem modificação

---

40. Nietzsche, *Sämtliche Werke*, 1, p.527; tr. fr., p.26.
41. CW, §9, nota. Segundo Aristóteles, a ação (*mythos*) é o elemento mais importante da tragédia (Cf. *Poética*, VI, 50a 7-22)

— é uma tragédia e Zaratustra, um herói trágico. *Incipit Zarathustra* é *incipit tragoedia.*[42] Não, evidentemente, uma tragédia no sentido preciso e exclusivo de um gênero artístico determinado, como a tragédia grega de Ésquilo, de Sófocles e de Eurípides. Em sua forma híbrida, polivalente, múltipla, *Assim falou Zaratustra* me parece um resultado da independência do trágico com relação à tragédia clássica, que ocorre no início da modernidade com Schelling, Hegel e Hölderlin, quando a questão da essência do trágico passa a não mais se ligar necessariamente a uma determinada forma estética.

O sentido do *Zaratustra* como tragédia pode ser esclarecido a partir da problemática do apolíneo e do dionisíaco, tal como Nietzsche a vê. *O nascimento da tragédia* expunha o duplo "milagre" grego criador da epopéia e da tragédia a partir do deus brilhante, luminoso, solar, Apolo, que, para dar um sentido à existência através da beleza, a princípio reprime o deus Dioniso, mas, ao notar ser isso impossível, une-se a ele dando origem à arte apolíneo-dionisíaca, que tem em Dioniso seu herói primitivo: a tragédia. No meu entender, apesar das diferenças entre os dois livros, o grande parentesco de *Assim falou Zaratustra* com o primeiro livro de Nietzsche se evidencia dramaticamente com Zaratustra, o personagem central, despontando como um herói apolíneo e, em seguida, percorrendo um caminho que o levará a integrar o lado noturno, tenebroso, da vida, tornando-se

42. A primeira expressão encontra-se em CI, "Como o mundo verdadeiro acabou convertendo-se em uma fábula". No momento em que começava a arquitetar o *Zaratustra*, Nietzsche escreveu a seguinte nota: "Desde que penso na vida e no mundo, encontro-me por assim dizer *no meio de acessórios trágicos* e, de qualquer lado que olhe, me vêm sugestões para compor tragédias — quase não posso impedir que essas máscaras solenes e patéticas comecem a representar a tragédia e me envolvam nessa representação: esse tipo de pressão se exerce sobre mim agora." *Fragmentos póstumos*, outono de 1881, 15[14].

dionisíaco. *Assim falou Zaratustra* é a narração dramática do aprendizado trágico de Zaratustra.

Em um fragmento póstumo de 1887, Nietzsche diz que o espírito heróico é aquele que diz sim a si mesmo na crueldade trágica, por ser bastante forte para experimentar o sofrimento como um prazer, com alegria.[43] Idéia semelhante ao modo como *O nascimento da tragédia* definia o mito trágico: um acontecimento épico que glorifica o herói combatente, lutador, pela apresentação do sofrimento existente no seu destino e em seus triunfos mais dolorosos.[44] É justamente o que acontece com Zaratustra: um herói a princípio fundamentalmente apolíneo que, no final de um processo de aprendizado, em que deve enfrentar o niilismo em suas várias formas, assume seu destino trágico, isto é, diz sim à vida como ela é, sem introduzir oposição de valores, afirmando poeticamente seu eterno retorno. Radicalizando *O nascimento da tragédia*, para o qual a finalidade da tragédia, ao exibir os sofrimentos do herói, é produzir alegria, Nietzsche, ao mesmo tempo filósofo do sofrimento e da alegria, no momento em que se sente o primeiro filósofo trágico, pretende mostrar, com a trajetória de Zaratustra pensada como uma tragédia, que, apesar de todo sofrimento, a afirmação do eterno retorno torna o herói trágico fundamentalmente alegre, o que teria escapado aos autores de tragédia, clássicos ou modernos.[45]

---

43. Cf. *Fragmentos póstumos*, outono de 1887, 10[168].
44. Cf. NT, §24.
45. A radicalização crescente de uma perspectiva trágica e o desejo cada vez mais forte de se tornar um filósofo independente, à altura da tarefa de transvaloração de todos os valores, transparecem em um fragmento da época do *Zaratustra*, em que, depois de ressaltar que só a alegria dionísica é proporcional às imagens terríveis diante das quais ele teria posto o conhecimento, Nietzsche arremata: "*Sou o primeiro a ter descoberto o trágico.* Ele foi mal compreendido pelos gregos devido à sua visão superficial de moralistas." *Fragmentos póstumos*, primavera de 1884, 25[95].

Essa relação entre o trágico e o eterno retorno é essencial. Ouçamos o que Nietzsche diz do livro: "A mais trágica história, com desenlace divino. Zaratustra torna-se gradualmente maior. Sua doutrina desenvolve-se à medida que ele cresce. O eterno retorno brilha como um sol poente sobre a última catástrofe".[46] *Assim falou Zaratustra* narra a história do aprendizado de Zaratustra como a história da "descida", do "declínio" ou do "ocaso" de um herói trágico que segue uma trajetória marcada por dúvidas, angústia, terror, náusea, piedade..., mas termina com seu "amadurecimento", no momento em que ele assume alegremente o pensamento trágico por excelência: o pensamento do eterno retorno.

Aí está uma grande diferença do *Zaratustra* com relação tanto à epopéia quanto à tragédia grega e sua grande proximidade do romance de aprendizado, ou de formação, da Alemanha do final do século XVIII e início do XIX. É que, enquanto o romance de formação, como *Os anos de aprendizado de Wilhelm Meister* de Goethe ou o *Hipérion* de Hölderlin, relata a passagem do herói de um estado de ignorância ou de irreflexão a um estado de conhecimento ou de sabedoria, o que caracteriza a tragédia é uma descoberta... a descoberta de um segredo. Nem o herói épico nem o trágico sofrem uma evolução. Como diz Jean-Pierre Vernant, "do início ao fim do drama, Édipo permanece psicológica e moralmente o mesmo... Mas sem que ele saiba, sem ter desejado nem merecido, o personagem edipiano se revela, em todas as suas dimensões, social, religiosa, humana, o inverso de como ele aparece à frente da cidade."[47] Ou, como diz Karl Reinhardt, "o Creonte da *Antígona* é um personagem

---

46. Fragmento citado por Daniel Halévy, *Nietzsche*, tr. bras., p.241.

47. Jean-Pierre Vernant & Pierre Vidal-Naquet, "Ambiguité et renversement. Sur la structure énigmatique d'*Oedipe-Roi*", in *Mythe et tragédie en Grèce ancienne*, I, p.107.

impermeável a qualquer ensinamento, apesar do esforço para instruí-lo feito por Hêmon ou Tirésias".[48] Em geral os especialistas estão de acordo sobre este ponto. Já quando Mikhaïl Bakhtin apresenta uma característica do romance, no momento do *Wilhelm Meister*, ele bem poderia estar anunciando uma propriedade do *Zaratustra*: "O personagem deve ser apresentado não como feito e imutável, mas como um ser que evolui, se transforma, que é educado pela vida."[49]

A idéia de uma trajetória trágica, que tem como meta o encontro do destino do personagem central pela afirmação do eterno retorno, aparece algumas vezes no livro como o caminho pelo qual Zaratustra se torna o que é. Um dos textos importantes a esse respeito encontra-se em "O convalescente", no final da terceira parte: "pois bem sabem os teus animais, ó Zaratustra, quem és e quem deves tornar-te: és o mestre do eterno retorno — este é agora o teu destino".[50] E Heidegger salienta, em "Quem é o Zaratustra de Nietzsche", esse aspecto essencial do livro: "Zaratustra deve, antes de tudo, tornar-se o que ele é. Zaratustra recua diante de tal devir. O terror é sensível de um extremo a outro da obra que o retrata. Esse terror marca o estilo, explica o caminho hesitante, e sempre lento, da obra. Esse terror sufoca, no início do caminho, toda segurança e toda pretensão de Zaratustra. Se é preciso que Zaratustra se torne, antes de tudo, aquele que ensina o eterno retorno, ele não pode logo ensiná-lo".[51]

Daí o que é dito em *Assim falou Zaratustra* depender de quem o diz, e o que é dito por Zaratustra remeter às circunstâncias e ao momento da narrativa em que ele o diz. Daí também o eterno retorno ser o tema fundamental

48. Karl Reinhardt, *Sophocle*, tr. fr., p.127.
49. *Esthétique et théorie du roman*, tr. fr., p.447.
50. Cf. Z, na quarta parte, "O sacrifício do mel" e "A sanguessuga".
51. Martin Heidegger, *Essais et conférences*, tr. fr., p.121; cf. *Nietzsche*, I, tr. fr., p.226.

do livro, aquilo para o qual tudo converge: o resultado da transformação, da transfiguração, da metamorfose de Zaratustra, o ponto final da trajetória em que ele vai se tornar o que é: um filósofo trágico. Dissociar os conteúdos temáticos dos personagens que os enunciam e até mesmo, como no caso de Zaratustra, personagem que passa por metamorfoses, do momento em que o enunciam, é desrespeitar a estrutura temporal ou o desenvolvimento dramático no qual esses temas são apresentados no livro.

Vejamos, portanto, como a expressão dos temas principais da filosofia de Nietzsche sob a forma de um poema dramático faz de *Assim falou Zaratustra* — o maior presente até agora dado à humanidade, na visão de seu imodesto autor — uma filosofia trágica.

PRIMEIRA PARTE

A morte de Deus e o super-homem futuro

Plenitude e ocaso

A tragédia inicia com Zaratustra, em sua caverna, no alto da montanha, em estado de plenitude, de abundância, de excesso, depois de dez anos de solidão. "Gozou ali, durante dez anos, de seu próprio espírito e da solidão, sem deles se cansar." Um discurso de agradecimento ao sol, pelo que dele Zaratustra recebeu, ocupa quase todo o primeiro item do "Prólogo".

Essa referência ao sol é importante. Além da evidente paródia do mito platônico, em cuja caverna o sol não entra, a presença determinante do astro no início da trajetória de Zaratustra faz deste um personagem luminoso, resplandecente como o Zoroastro persa, cujo nascimento é assim descrito por Mircea Eliade: "três dias antes de sua vinda ao mundo, a aldeia brilha com tal fulgor que os Spitamidas, acreditando em um incêndio, a abandonam. Ao voltarem, encontram uma criança resplandecente de luz".[1] É possível que o início do *Zaratustra* seja um eco da leitura que Nietzsche fez, vários anos antes, do livro de Friedrich Creuzer, *Simbólica e mitologia*

---

1. Mircea Eliade, *História das crenças e das idéias religiosas*, tr. br., tomo 1, v.2, p.145.

dos povos antigos, que contém uma exposição do *Zend-Avesta*, livro sagrado da religião de Zoroastro. Curt Paul Janz, que faz essa conjectura, cita, no entanto, uma carta de Nietzsche a Peter Gast, de 23 de abril de 1883, que diz: "Hoje, aprendi por acaso o significado de 'Zaratustra', isto é, 'Estrela de ouro'. Fiquei feliz com esse acaso. Toda a concepção de meu pequeno livro deriva dessa etimologia: mas, até o momento, eu nada sabia".[2]

Em *Ecce homo*, Nietzsche explicará que deu a seu personagem o nome de Zaratustra por considerá-lo "o primeiro a ver na luta entre o bem e o mal a verdadeira roda motriz na engrenagem das coisas", devendo, portanto, ser o primeiro a reconhecer haver criado o mais fatal dos erros: a moral.[3] Veremos de que maneira essa transformação se dá em *Assim falou Zaratustra*. No entanto, isso não significa que o livro se inspire fortemente na obra do profeta e reformador religioso persa, nem mesmo para criticá-lo ou superar sua posição. Quando, por exemplo, em "De mil e de um alvos", Zaratustra faz alusão ao povo persa, em vez de afirmar que faz parte dele, diz apenas "povo do qual vem meu nome". O Zaratustra de Nietzsche não é um herói persa. Curt Paul Janz adota esse ponto de vista, a meu ver acertadamente, ao pensar que no *Zaratustra* "Nietzsche usa a máscara de um personagem histórico, sob a qual ele se coloca em cena... [mas] da figura meio mítica do persa Zaratustra Nietzsche só retira o nome e sua ação de reformador social".[4] Penso que a Grécia

---

2. Curt Paul Janz, *Nietzsche Biographie*, II, p.499. Nietzsche está se referindo à primeira parte do *Zaratustra*, escrita em fevereiro de 1883. A segunda parte é de julho de 1883, a terceira, de janeiro de 1884 e a quarta, de fevereiro de 1885.
3. EH, "Por que sou um destino", §3.
4. Curt Paul Janz, *Nietzsche Biographie*, I, p.352. Sua hipótese é a de que "é mais do lado das tradições filosóficas gregas que é preciso procurar uma eventual referência, e isso igualmente no que diz respeito ao personagem central". A pista que ele indica é Empédocles (II, p.495). Sobre a relação desse início com o *Empédocles* de Hölderlin, cf. Charles Andler, *Nietzsche, sa vie et sa pensée*, I, p.56.

está bem mais presente no livro do que a Pérsia. E não só por Nietzsche afirmar que não conhecia a etimologia de Zaratustra no momento em que escreveu a primeira parte do livro, embora toda a sua concepção seja condizente com a denominação "estrela de ouro", estrela de luz. Essa declaração é, sem dúvida, importante. Mas o decisivo é que, no que diz respeito à luminosidade, desde *O nascimento da tragédia* a referência fundamental para Nietzsche é o Apolo grego e não Ohrmazd, o deus persa da luz.

Na etimologia de Apolo, Nietzsche encontra, no início de sua reflexão, uma das características da imagem apolínea: o brilho.[5] Apolo é a divindade da luz: "Em que sentido foi possível fazer de *Apolo* o deus da arte?" pergunta "A visão dionisíaca do mundo". E esse escrito preparatório ao *Nascimento da tragédia* logo responde: "Apenas enquanto é o deus das representações oníricas. Ele é o 'Resplandecente' de modo total: em sua raiz mais profunda é o deus do Sol e da luz, que se revela em seu brilho".[6] Febo Apolo é o brilhante, o solar. E esse brilho, essa luminosidade, que não é propriedade apenas de Apolo, mas dos deuses olímpicos em geral, ilumina os homens, mesmo que eles sejam um reflexo imperfeito dos deuses, isto é, não tenham a intensidade de sua "luz brilhante e transbordante".[7] Quanto mais gloriosos os indivíduos em seus feitos heróicos, mais brilhantes eles aparecem: "Este mundo é o mundo da luz. Os heróis entram no campo de batalha banhados de luz, combatem à luz do dia. Os heróis homéricos pertencem tanto ao reino da luz que brilham mesmo quando são esporadicamente apresentados em missões noturnas. Luminosos são os deuses. O

---

5. A outra é a aparência que o livro contrapõe à essência, propriedade de Dioniso. Como, no entanto, essa contraposição não tem mais sentido para Nietzsche no momento do *Zaratustra*, deixo de lado esse aspecto importante da temática de *O nascimento da tragédia*.
6. "A visão dionisíaca do mundo", §1.
7. A expressão é de Walter Otto, *Les dieux de la Grèce*, tr. fr., p.157.

amparo dos deuses significa vida e luz. No momento em que os deuses abandonam o homem está iminente a morte, a escuridão, a ausência de vida".[8] Como diz Eça de Queiroz pela boca da ninfa Calipso, no conto "Perfeição", ao não compreender por que Ulisses prefere sofrer duros males para voltar à esposa mortal do que ficar com ela, se não lhe é inferior nem pela beleza, nem pela inteligência: "as mortais brilham ante as imortais como lâmpadas fumarentas diante de estrelas puras..."

Eis alguns exemplos do brilho do guerreiro na *Ilíada*. Quando Nestor apela a Pátroclo para que Aquiles lhe permita lutar, manifesta o desejo de que ele possa ser uma luz salvadora para os gregos.[9] E quando Aquiles lhe dá a autorização para lutar e lhe empresta a armadura, aconselha-o com estas palavras: "Volta, depois de levares a luz aos navios velozes...".[10] Até Páris, esse "anti-herói amoroso" como o chamou Guimarães Rosa em uma anotação de leitura da *Ilíada*, até Páris, dirigindo-se à luta, caminha "resplandecente em sua armadura como fulgurante sol".[11] Mas é Aquiles, o maior dos guerreiros da *Ilíada*, o melhor dos gregos, o exemplo mais esclarecedor desta luminosidade que o torna semelhante aos deuses. Quando ele se mostra aos troianos, do fosso, sem armadura, para lhes meter medo e impedir que roubem o corpo de Pátroclo, morto em plena luta, "sobre seus fortes ombros, Atena lançou a ornada égide, depois a deusa das deusas ornou sua cabeça com uma nuvem de ouro, fazendo com que se irradiasse de seu corpo uma chama resplandecente".[12] Quando se arma, "seus olhos brilhavam como chamas", do escudo "saía um brilho semelhan-

---

8. Donaldo Schüler, *Aspectos estruturais na Ilíada*, p.72.
9. Homero, *Ilíada*, XI, 797.
10. Homero, *Ilíada*, XVI, 95-6.
11. Homero, *Ilíada*, VI, 513.
12. Homero, *Ilíada*, XVIII, 203-6. Sobre o vento e o fogo na *Ilíada*, cf. Gregory Nagy, *Le meilleur des achéens*, tr. fr., p.370-9.

te ao da lua", o penacho de crina de cavalo brilhava como uma estrela. Quando, armado, sobe ao carro para ir em direção aos inimigos "resplandecia sob suas armas como o luminoso Hipérion."[13] Já em plena luta, sua ação guerreira é comparada a um incêndio: "Assim como um prodigioso incêndio se espalha pelos profundos vales de uma árida montanha e o espesso bosque se inflama e o vento espalha as chamas em todas as direções, assim Aquiles avançava em todas as direções com sua lança, como um deus, matando os que perseguia, e a negra terra se empapou de sangue".[14] Quando se aproxima das muralhas de Tróia "o velho Príamo foi o primeiro a vê-lo, correndo pela planície, reluzente como a estrela que nasce com o outono, distinguindo-se pelo irradiante fulgor entre as numerosas estrelas, na escuridão da noite. Chamam-na Cão de Órion, e é a mais brilhante, mas de mau augúrio, pois traz muitas febres aos desventurados mortais".[15] Enfim, quando se aproxima de Heitor, o melhor dos troianos, que o espera para o combate, "o bronze sobre seu corpo brilhava como um fogo ardente ou como o sol nascente". E o brilho devia ser intenso, pois, o texto continua, "Heitor, ao vê-lo, começou a tremer, não pôde continuar onde estava, deixou as portas para trás e fugiu aterrorizado".[16]

Do mesmo modo que, na epopéia, Apolo, o deus brilhante, solar — que *O nascimento da tragédia* privilegia por considerar que o mesmo impulso que nele se materializou criou todo o mundo olímpico[17] —, torna, por sua luz, a existência digna de ser vivida, a saudação ao sol, que abre o *Zaratustra*, funciona como um hino de louvor a Apolo, apresentando seu personagem título

13. Homero, *Ilíada*, XIX, 365-90
14. Homero, *Ilíada*, XX, 490-4.
15. Homero, *Ilíada*, XXII, 25-31.
16. Homero, *Ilíada*, XXII, 132-7.
17. NT, §3.

como indivíduo apolíneo. Zaratustra, no início de sua trajetória, é um personagem luminoso, resplandecente, esplendoroso, fulgurante.

Mas nem sempre foi assim. Esse início assinala uma transformação, uma metamorfose. Isso é perceptível no item seguinte, que relata o encontro de Zaratustra com o eremita, quando este lhe diz: "Naquele tempo [isto é, há dez anos, quando Zaratustra passara pela floresta em direção a sua caverna no alto da montanha] levavas a tua cinza para o monte; queres, hoje, trazer o fogo para o vale?" E na mesma linha de metáforas que atestam o seu estado de plenitude, o eremita reconhece que Zaratustra "despertou", "tornou-se uma criança", "não há em sua boca nenhum laivo de náusea", "caminha como um dançarino". Mas essa transformação é ainda mais perceptível em "Dos ultramundanos", um dos primeiros "discursos" da primeira parte, que pretende esclarecer por que o homem criou o Deus cristão, quando Zaratustra fala a respeito de seu próprio passado:

"Assim também eu, outrora, projetei minha ilusão para além do homem, tal como todos os ultramundanos. Obra de um deus sofredor e atormentado parecia-me, então, o mundo. Sonho e poesia de um deus parecia-me, então, o mundo... Esse mundo eternamente imperfeito, imagem imperfeita de uma eterna contradição — inebriante prazer de seu imperfeito criador —, assim me parecia, outrora, o mundo... Que aconteceu, meus irmãos? Sofredor, superei a mim mesmo, levei minha cinza para o monte e inventei para mim uma chama mais clara. E o fantasma desapareceu."

A meu ver, esse texto difícil é uma alusão crítica ao modo pouco radical, metafísico, ou por demais cristão, para o último Nietzsche, como *O nascimento da tragédia* concebia Dioniso, a ponto de, no §23, chamar o coral de Lutero de "chamariz dionisíaco". Dois textos desse último período, bastante semelhantes ao trecho citado do *Zara-*

tustra, parecem corroborar essa hipótese. Um deles está no §5 da "Tentativa de autocrítica" e se distancia da relação entre Dioniso e o mundo, estabelecida pela "metafísica de artista" do primeiro livro, fortemente inspirada em Schopenhauer. Postulando um mundo verdadeiro, uma essência, por trás da realidade em que vivemos, considerada como aparência, Nietzsche concebia Dioniso ainda metafisicamente, como um deus, dizendo:

"De fato, o livro inteiro só conhece um sentido e um ultra-sentido artistas por trás de todo acontecimento — um 'deus', se se quiser, mas decerto apenas um deus-artista totalmente sem escrúpulos e amoral, que, no construir como no destruir, no bem como no mal, quer aperceber-se de seu prazer e soberania, e, criando mundos, se desembaraça da *necessidade* da abundância e *superabundância*, do sofrimento das contradições nele acumuladas. O mundo, em cada instante a *alcançada* redenção de deus, a visão eternamente em mutação, eternamente nova do ser mais sofredor, mais antitético, mais contraditório, que só sabe redimir-se na *aparência*..."

O outro texto, o §5 da terceira dissertação da *Genealogia da moral*, refere-se à concepção wagneriana da música considerada linguagem da vontade, no sentido schopenhaueriano de centro e núcleo do mundo, ou de "abismo" como diz o texto, tese que implica a superioridade metafísica da música ante as outras artes, reduzidas a imitações do fenômeno, das aparências, e a superioridade do músico, por sua condição de "medium" capaz de se comunicar com a coisa em si, capaz de se identificar com o Uno originário, seus sofrimentos e suas contradições. Esse texto conclui de um modo que poderia muito bem estar falando da primeira filosofia de Nietzsche: "Com essa extraordinária valorização da música, que parecia decorrer da filosofia de Schopenhauer, aumentou também, de modo colossal, o prestígio do próprio *músico*: ele tornou-se agora um oráculo, um sacerdote, mais do que um sacerdote, uma espécie de porta-voz do 'em-si' das coisas, um telefone do além — já não falava apenas música, esse ventríloquo de Deus — falava metafísica..." Crítico a seu passado, especificamente a sua primeira filosofia, considerada agora, em retrospectiva, impregnada de metafísica e religião, graças ao apreço que tinha por Wagner e por Schopenhauer e graças à utilização de conceitos como aparência e essência, fenômeno e coisa em si, Nietzsche transpõe para seu personagem Zaratustra, no início de sua trajetória dramática, a metamorfose, que ele sentia haver realizado, de uma visão de mundo ainda niilista para um estado de esplendor, de luminosidade, através das imagens da vida solitária na proximidade do sol e da passagem de cinza a fogo. Nesse sentido, é interessante observar que *Ecce homo* se refere a *Aurora* bem na linha de como me aparece esse início do *Zaratustra*: um livro que derrama sua luz.[18]

Mas a idéia central do primeiro item do "Prólogo" não é propriamente o esplendor; é a relação entre o excesso, a abundância, a superabundância e o declínio ou o ocaso de Zaratustra. É que Zaratustra "se cansou", se "aborreceu" de seu espírito, de sua solidão, de sua sabedoria, "como a abelha do mel que juntou em excesso". Ou, para ressaltar a analogia importante desse início: assim como o sol precisa dele e de seus animais, a quem ilumina, ele, Zaratustra, também precisa dos homens. Por quê? Justamente para dar aquilo que tem em excesso. A idéia de declínio liga-se à de excesso pela idéia de dádiva. Do mesmo modo que o sol declina, Zaratustra também deve declinar; porque quer dar e distribuir, deve descer às profundezas, iluminar, como o sol faz à noite.[19]

---

18. Cf. EH, "Aurora", §1.

19. Segundo Pierre Aubenque, a metáfora da luz que dissipa progressivamente as trevas é, aplicada ao conhecimento, uma idéia do século das Luzes. Cf. "La découverte grecque des limites de la rationalité", in *La naissance de la raison en Grèce*.

O que são as profundezas? O mal, o lado noturno, escuro, tenebroso da vida. Quando, no §371 de *A gaia ciência*, Nietzsche se considera em crescimento, em perpétua mudança, ele se compara a uma árvore que enterra suas raízes nas profundezas — no mal —, ao mesmo tempo que abraça o céu com mais amor, absorvendo sua luz. Idéia que já aparecia em "Da árvore no monte", na primeira parte do *Zaratustra*: "passa-se com o homem o mesmo que com a árvore. Quanto mais quer crescer para o alto e para a claridade, tanto mais suas raízes tendem para a terra, para baixo, para as trevas, para a profundeza — para o mal." O declínio de Zaratustra nesse início é sua descida ao ínfero mundo das sombras para iluminá-lo. Por sua sabedoria apolínea, Zaratustra permanece fiel ao tema da oposição e da luta entre o dia e a noite, entre a luz e as sombras. O que está embaixo? Os homens. E Zaratustra quer ir a seu encontro para lhes dar um presente: o super-homem. "Da prudência humana", no final da segunda parte do livro, dirá explicitamente que Zaratustra tem uma vontade que o arrasta para o alto ou para o super-homem e para baixo ou para o homem. Essa dupla vontade é essencial em sua trajetória, e o modo como ele equacionará a relação entre uma e outra será esclarecedor dos diferentes caminhos que irá experimentar. É muito significativo, portanto, que o eremita logo previna Zaratustra sobre o perigo que representa ir ao encontro dos homens, dizendo: "não receias as penas contra os incendiários?" "Eles [os homens] desconfiam dos solitários e não acreditam que os procuremos para presenteá-los".

Quando, no primeiro item, Zaratustra confessa dever declinar, ter o seu ocaso, utiliza duas metáforas não só diferentes, mas opostas: a da taça que quer transbordar e a da taça que quer esvaziar, a primeira indicando um sentido positivo de excesso, de superabundância, a segunda, um sentido negativo de perda. A ida, a descida em direção aos homens — o "tornar-se novamente homem" — é essencial para Zaratustra. Só que essa descida apresenta o perigo de esvaziamento, ou de enfraquecimento. Para Zaratustra — e esse tema está presente ao longo de todo o livro —, ser solitário não é isolar-se, não é evadir-se da história. É o eremita que se recolhe à floresta e ao ermo porque, considerando o homem imperfeito, ama Deus e não os homens. A solidão de Zaratustra não dispensa os homens. E, por isso, lança o desafio de viver no meio deles — ou com o mundo — sem esse sentimento de perda, sem esvaziamento, enfraquecimento. Como viver com os homens sem se enfraquecer, esvaziar-se, sentir-se abandonado, quando na solidão se é forte, transbordante?

Ora, se é esse o grande desafio no momento em que *incipit tragoedia*, a descida de Zaratustra começa logo com um grande fracasso. Ao sair da solidão de sua montanha e se dirigir ao povo, na praça do mercado da grande cidade, isto é, ao falar para todos, Zaratustra não é bem recebido: sua mensagem é rejeitada, seu presente, recusado.

É interessante observar que esse episódio se assemelha muito ao modo como, na última das *Considerações extemporâneas*, Nietzsche fala da relação de Wagner com os homens. Chamando Wagner o solitário que tinha sede de sociedade, de muitos, Nietzsche diz que ele apresentou aos homens a obra de arte nova, na qual havia condensado tudo o que conhecia de potente, eficaz, capaz de tornar feliz. No entanto, sua consternação foi grande, porque ninguém compreendeu a questão que ele tinha levantado.[20] E a semelhança entre os dois textos

---

20. Cf. CE, IV, *Richard Wagner em Bayreuth*, §8. *Sämtliche Werke*, 1, p.477; tr. fr., II, 2, p.139-40. Segundo Anatol Rosenfeld (*O teatro épico*, p.67), "a destruição do gênio pela mediocridade que o cerca", na peça do jovem Goethe, *Goetz von Berlinchingen*, de 1773, inspirou várias gerações de românticos.

ainda aparece com mais evidência quando se sabe que, em *Ecce homo*, Nietzsche aconselha, como regra de leitura, a substituir pelo seu ou pelo nome de Zaratustra, o nome de Wagner, toda vez que ele aparecer em *Richard Wagner em Bayreuth.*[21]

A morte de Deus e o super-homem

O que Zaratustra apresenta aos homens na praça do mercado? O super-homem!.[22] Eis, em síntese, o que ele diz no item 3 do "Prólogo":

"O homem deve ser superado... Eu vos ensino o super-homem. O super-homem é o sentido da terra. Fazei vossa vontade dizer: 'que o super-homem *seja* o sentido da terra!' *Permanecei fiéis à terra* e não acrediteis nos que vos falam de esperanças ultraterrenas... Outrora, o delito contra Deus era o maior dos delitos; mas Deus morreu e, assim, também morreram os delinqüentes dessa espécie. O mais terrível, agora, é delinqüir contra a terra e atribuir mais valor às entranhas do imperscrutável do que ao sentido da terra!"

Os dois parâmetros a partir dos quais o super-homem aparece, no início do *Zaratustra*, são Deus e a terra.

---

21. Cf. EH, "O nascimento da tragédia", §4. Sobre as paródias de Wagner existentes em *Assim falou Zaratustra*, cf. Roger Hollinrake, *Nietzsche, Wagner e a filosofia do pessimismo.*

22. Considero "super-homem" a melhor tradução para *Übermensch*. Primeiro, porque "super" também tem o sentido de "sobre" — que é outra possibilidade de traduzir *über* — como se nota, por exemplo, pela tradução do termo freudiano *Überdeterminierung* por "superdeterminação" e "sobre-determinação". Segundo, porque é importante manter a correspondência entre "super-homem" (*Übermensch*), "super-herói" (*Über-Held*), "superespécie" (*Über-Art*) "superar" (*überwinden*), "auto-superação" (*Selbstüberwinderung*)... para indicar mais claramente que o sentido de "super-homem" é dado pelo processo de auto-superação. Terceiro, porque é mais eufônico do que "sobre-homem", "supra-homem", "além-do-homem", outras possibilidades corretas de tradução. Quarto, porque o termo já tem um uso consagrado na língua portuguesa.

Super-homem é todo aquele que supera as oposições terreno-extraterreno, sensível-espiritual, corpo-alma; é todo aquele que supera a ilusão metafísica do mundo do além e se volta para a terra, dá valor à terra.[23] Neste sentido, super-homem é superação, ultrapassagem. De quê? Do homem tal como ele foi; do homem do passado e sua crença em Deus. É a superação do homem como "doença de pele da terra", para usar a bela e terrível imagem com que Zaratustra define o homem em "De grandes acontecimentos", na segunda parte do livro. Se quisermos dizer como Deleuze, o super-homem é um novo modo de sentir, um novo modo de pensar, um novo modo de avaliar; uma nova forma de vida; um outro tipo de subjetividade.[24]

De onde parte Zaratustra, ao apresentar o super-homem como uma necessidade? Da afirmação de que "Deus morreu". Eis como Nietzsche se refere, pela primeira vez explicitamente, à "morte de Deus", no aforismo 125 de *A gaia ciência*, intitulado "O insensato", fragmento que, na beleza assustadora de suas imagens, dá uma ótima idéia do seu projeto de se expressar não conceitualmente:

"Nunca ouviram falar do insensato que acendia uma lanterna em pleno dia e corria pela praça do mercado gritando sem parar: 'Procuro Deus! Procuro Deus!' E como havia ali muitos daqueles que não acreditavam em Deus, ele provocou grande riso. 'Ter-se-á afastado?', dizia um. 'Ter-se-á perdido como uma criança?', dizia outro. 'Estará escondido? Terá medo de nós? Terá embarcado? Terá emigrado?' — assim gritavam e riam todos ao mesmo tempo. O insensato saltou no meio deles e trespassou-os com o olhar. 'Onde está Deus?', exclamou, 'é o que vou lhes dizer! *Nós o matamos* — vocês e eu! Nós todos somos seus assassinos! Mas como fizemos isso? Como pudemos

---

23. Cf. Eugen Fink, *Nietzsches Philosophie*, p.68-9.
24. Cf. Gilles Deleuze, *Nietzsche et la philosophie*, p.188, 213.

esvaziar o mar? Quem nos deu a esponja para apagar o horizonte? Que fizemos para quebrar a corrente que ligava esta terra a seu sol?... Aquilo que o mundo possuía até então de mais sagrado e mais poderoso perdeu seu sangue sob nossas facas — quem limpará esse sangue de nossas mãos?'".[25]

Nietzsche não quer provar que Deus não existe, como faziam os ateus. O que lhe interessa é mostrar como e por que surgiu e desapareceu a crença de que haveria um Deus. A "morte de Deus", condição, pressuposto histórico dos principais temas expostos no *Zaratustra*, é a constatação do niilismo da modernidade; é o fato de que "a fé no Deus cristão deixou de ser plausível";[26] é a evidência de que a fé em Deus, que servia de base à moral cristã, se encontra minada, de que desapareceu o princípio em que o homem cristão fundou sua existência; é o diagnóstico da ausência cada vez maior de Deus no pensamento e nas práticas do Ocidente moderno; é a percepção por alguém dotado de uma capacidade de suspeita penetrante, de um olhar sutil, do "maior acontecimento recente": a desvalorização dos valores divinos. Como comenta Heidegger, em "A palavra de Nietzsche 'Deus morreu'", privilegiando o aspecto filosófico do acontecimento, o fato de que o mundo supra-sensível, o mundo metafísico foi desvalorizado, perdeu o poder eficiente, sua força de obrigação.[27]

Dizer que Deus morreu significa dizer, como faz "o insensato", que o homem matou Deus. Mas esse homem pode ser facilmente identificado: é o homem moderno, o homem reativo, "o mais feio dos homens", que, por

25. Cf. a primeira versão desse aforismo in *Fragmentos póstumos*, outono de 1881, 14[25] e 14[26]. Embora o §125 seja o primeiro texto publicado de Nietzsche explícito sobre a "morte de Deus", pode-se considerar que o aforismo 84 de *O andarilho e sua sombra* já prenuncia esse tema.
26. GC, §343.
27. Cf. *Chemins qui ne mènent nulle part*, tr. fr., p. 179.

não suportar aquele que via toda a vergonha e a fealdade ocultas no âmago de seu ser, vingou-se dessa testemunha, como se descobrirá na quarta parte do *Zaratustra*.[28] É o homem moderno o responsável pela perda da confiança em Deus, pela supressão da crença no mundo verdadeiro, originário da metafísica clássica e do cristianismo, pela substituição da teologia pela ciência, do sono dogmático pelo sonho antropológico, do ponto de vista de Deus pelo ponto de vista do homem. A expressão "morte de Deus" é a constatação da ruptura que a modernidade introduz na história da cultura com o desaparecimento dos valores absolutos, das essências, do fundamento divino. Significa, portanto, a substituição da autoridade de Deus e da Igreja pela autoridade do homem considerado como consciência ou razão; a substituição do desejo de eternidade pelos projetos de futuro, de progresso histórico; a substituição de uma beatitude celeste por um bem-estar terrestre.[29]

Se Deus não mais existe para o homem moderno, este não pode mais ser pecador, delinqüente ou infiel com relação a ele; mas bem pode sê-lo com relação à terra. Isso significa que a morte de Deus é a base, o ponto de partida da filosofia de Zaratustra, o que permite situar "historicamente", na modernidade, o livro que narra sua trajetória. Zaratustra vive na época de Nietzsche; é um homem moderno. Pressupondo, então, que todo mundo sabe da morte de Deus, que pode ser catastrófica no sentido em que abre espaço para uma desvalorização dos valores supremos na modernidade — desvalorização de Deus, da essência, do bem, da verdade —, Zaratustra vai propor uma saída positiva, afirmativa, para a nova situa-

---

28. Cf. Z, IV, "O mais feio dos homens". Na *Ilíada*, Tersites, o homem do povo, é o mais feio dos homens que vieram a Tróia (Cf. Homero, *Ilíada*, II, 216-9).

29. Cf. Martin Heidegger, *Chemins qui ne mènent nulle part*, tr. fr., p.181.

ção: o super-homem como sentido da terra. Assim como Nietzsche descreveu metaforicamente a morte de Deus como o esvaziamento do mar, o apagamento do horizonte, o desligamento da terra do sol, Zaratustra prometerá o super-homem como novo mar, novo horizonte, novo sol.

É necessário, portanto, salientar que, se o super-homem é o sentido da terra, ou o sentido do ser do homem, como dirá o item 7 do "Prólogo", para Zaratustra ele só é este sentido como um alvo a ser atingido, e para os próprios homens nem assim ele ainda o é. Daí o imperativo de Zaratustra: "que o super-homem *seja* o sentido da terra!". Isso significa que o super-homem aparece no início de *Assim falou Zaratustra* como uma exigência e não como uma realidade. Mais precisamente, como o final de um caminho, um rumo possível, que depende da vontade dos próprios homens; que deve ser querido como um alvo pela humanidade.

Estou querendo ressaltar uma idéia importante para esclarecer o sentido da trajetória de Zaratustra durante o aprendizado que o levará a se tornar o mestre do eterno retorno. No início de seu ensino, a terra aparece como só podendo ter um sentido através do super-homem futuro, considerado como modelo, protótipo, ideal ou contra-ideal; e, de um modo mais geral, em toda a primeira parte de *Assim falou Zaratustra*, o sentido do presente só é dado pelo futuro. Zaratustra constata a morte de Deus, a descrença no além. E o que oferece em troca? Não mais um além, mas um depois, um tempo posterior, "algum dia": "Amo aqueles que... se sacrificam à terra, para que a terra, algum dia, se torne do super-homem. Amo aquele que vive para adquirir o conhecimento e quer o conhecimento para que, algum dia, o super-homem viva".[30] O que diz Zaratustra é: os homens não têm mais Deus, mas podem muito bem ter um futuro. O que

30. Z, "Prólogo", §4.

o leva, na primeira parte do livro, a avaliar toda ação, todo pensamento a partir da vinda do super-homem, considerado perfeição futura.

A meu ver, há uma perspectiva evolucionista na analogia apresentada pelo item 3: o super-homem está para o homem assim como o homem está para o macaco. A respeito do evolucionismo, Charles Andler dirá que Nietzsche foi a princípio darwiniano, tornando-se depois, por influência de Rütimeyer, cada vez mais simpático ao lamarkismo.[31] Não estou me posicionando em relação a essa idéia. Nem formulando uma tese sobre a filosofia de Nietzsche em geral. Acredito que no final Nietzsche foi claramente anti-Darwin.[32] Estou simplesmente comentando o início do ensino de Zaratustra. E, nesse contexto preciso, considero inegável que o super-homem é apresentado numa perspectiva linear de tempo, numa perspectiva teleológica, de processo finalizado, como um movimento de realização do homem ou um projeto de redenção futura dos terrores e horrores da existência atual, que não é a última palavra de *Assim falou Zaratustra* sobre o super-homem e, muito menos, sobre o tempo; considero inegável que o super-homem é apresentado numa perspectiva humana, demasiado humana. O que não significa uma insuficiência do pensamento de Nietzsche. Valorizar o aspecto dramático do *Zaratustra* permite justamente esclarecer essas e outras dificuldades que alguns intérpretes sentiram em relação ao caráter trágico da filosofia de seu autor e à sua possibilidade de superação da metafísica.

---

31. Cf. Charles Andler, *Nietzsche, sa vie et sa pensée*, I, p.474.

32. Cf., por exemplo, CI, "Incursões de um extemporâneo", §14, "Anti-Darwin". Esse e outros textos de Nietzsche, como os fragmentos póstumos 14[123] e 14[133], da primavera de 1888, também intitulados "Anti-Darwin", criticam a tese de uma seleção dos mais fortes, dos mais bem dotados, e negam a existência de progresso do homem, tanto em relação aos outros animais quanto no interior de sua própria espécie.

Que Nietzsche seja um crítico da idéia — moderna — de progresso, disso não há dúvida. No *Ecce homo*, ele deixa bem clara sua posição de que a última coisa que prometeria seria melhorar a humanidade.[33] Além disso, já havia afirmado no *Anti-Cristo*: "A humanidade não representa um desenvolvimento para o melhor, para algo mais forte, mais elevado, como hoje se pensa. O 'progresso' é apenas uma idéia moderna, isto é, uma idéia falsa."[34] E no *Crespúsculo dos ídolos*, para dar outro exemplo do mesmo ano, nega que o homem moderno represente um progresso com relação ao homem renascentista, reafirmando que a novidade de sua tese é que a suavização dos costumes característica do humanismo moderno é uma conseqüência da decadência.[35] O que quero dizer é que um parágrafo como esse do *Anti-Cristo*, que apresenta o "super-homem" como um "acaso miraculoso" de um "tipo superior",[36] expõe uma concepção do tempo bem diferente da de Zaratustra no início de seu aprendizado: uma temporalização messiânica, que parece bem próxima dos filósofos que Nietzsche procurou combater por conceberem a história como um movimento para a perfeição ou para a realização do homem e, o que é talvez mais importante, bem próxima do próprio Nietzsche do período anterior ao iniciado com o *Zaratustra*, com sua confiança em relação ao progresso. No caso de Nietzsche,

33. EH, "Prólogo", §2.

34. AC, §4.

35. Cf. CI, "Incursões...", §37. É interessante observar que a argumentação desse item é desenvolvida para responder à crítica de que, comparado conosco, um César Bórgia não pode ser representado como um homem superior, uma espécie de super-homem.

36. Esse texto diz o seguinte: "há constantemente casos isolados de êxito, nos locais mais diferentes da terra, a partir das culturas mais diversas; casos através dos quais é de fato um tipo superior que se manifesta, algo que, comparado ao conjunto da humanidade, é uma espécie de super-homem. Semelhantes acasos miraculosos no êxito sempre foram possíveis e serão talvez sempre possíveis. Há mesmo raças inteiras, tribos, povos, que, em determinadas circunstâncias, constituem tais acertos."

essa diferença é bem visível no §24 de *Humano, demasiado humano*, onde, ao mesmo tempo que diz que, tendo a civilização antiga sua grandeza no passado, um sábio da Antigüidade tem razão de não acreditar no progresso, ele também reconhece que os homens podem em plena consciência decidir orientar sua evolução no sentido de uma nova civilização, criando novas condições de vida. E o aforismo conclui esclarecendo que, mesmo se não se pode dizer que o progresso deva necessariamente acontecer, não se pode negar que ele seja possível.[37] Como veremos, só o eterno retorno, no final da terceira parte do *Zaratustra*, tornará obsoleta a visão de que o presente é justificado pelo futuro ou de que o futuro, uma espécie de além profano, secularizado, é a razão de ser do presente.[38] A idéia de progresso não deve, portanto, ser interpretada nietzschianamente como um valor positivo, mesmo se o ensino de Zaratustra, no início de seu aprendizado, aponta nessa direção.

Estudos sobre Nietzsche contêm indicações de origens não nietzschianas do super-homem. Charles Andler, considerando que o *Hipérion* de Hölderlin põe o problema da "educação heróica que uma irresistível fatalidade nele presente leva a propagar sua profusão interior", encontra no livro os delineamentos do super-homem de Nietzsche.[39] Curt Paul Janz nota que muitos intérpretes sublinharam que o termo "super-homem" já aparece em Novalis, Heine e Goethe.[40] Walter Kaufmann assinala que, antes de Nietzsche, o termo foi usado em alemão por

---

37. Cf., também, HDH I, §150, 195, 236.
38. O termo "super-homem", central como estamos vendo na primeira parte do *Zaratustra*, quase não é encontrado nos outros livros de Nietzsche. É mencionado apenas em GC, §143, GM, I, §16, CI, "Incursões", §37, AC, §4, EH, "Livros", §1, "Zaratustra", §6, "Destino", §5. Em nenhum desses textos ele está vinculado aos temas do progresso ou de um processo finalizado.
39. Cf. Gilles Deleuze, *Nietzsche, sa vie et sa pensée*, I, p.52-3.
40. Cf. Curt Paul Janz, *Friedrich Nietzsche-Biographie*, tr. fr., II, p.502.

Heinrich Müller, Herder, Jean Paul e Goethe.[41] Karl Löwith assegura que é no círculo de Max Stirner que o termo adquire um sentido filosófico definido, indicando a seguir que, depois de designar originalmente o homem-Deus, o Cristo, ele muda de sentido a partir da orientação antropológica que lhe dá Feuerbach, tornando-se, com relação ao homem universal, o não-humano e o mais do que simplesmente humano.[42] Indicações como estas não poderão ser interpretadas como sinais do modo não propriamente ou não radicalmente nietzschiano como é apresentado o super-homem no início da trajetória de Zaratustra? Acredito que sim. Acredito inclusive que o fato de o super-homem ter sido entendido como tipo idealista de uma espécie superior de homem, meio santo, meio gênio, ou como sinal de darwinismo ou de culto do herói, como lamenta Nietzsche no *Ecce homo*, se deve ao "Prólogo" do *Zaratustra*, em geral interpretado fora do contexto.[43]

O super-homem e o último homem

Qual é a reação do povo a esse novo ensinamento de lealdade para com a terra e de esperança para com o futuro? Ele simplesmente ri de Zaratustra, sem nada entender do que este lhe diz. Zaratustra, então, admirado com sua incapacidade de tocá-lo, de se fazer compreendido, resolve mudar de tática e mostrar que o super-homem é apenas uma das possibilidades que se oferecem ao homem; a outra, aquela para a qual o povo já está a caminho — grande perigo e motivo de vergonha —, é o último homem. E como na primeira parte do livro os caminhos do super-homem e do niilismo mostram-se excludentes,

---

41. Walter Kaufmann, *Nietzsche: Philosopher, Psychologist, Antichrist*, p.307-8.
42. Karl Löwith, *Von Hegel zu Nietzsche*, p.206; tr. fr., p.231.
43. Cf. EH, "Por que escrevo tão bons livros", §1.

Zaratustra fala ao povo do outro pólo da alternativa que se coloca para o homem com a morte de Deus e a desvalorização dos valores supremos: "o que há de mais desprezível, o último homem".

Eis o essencial do discurso do item 5 do "Prólogo": "Já é tempo de o homem estabelecer a sua meta. Já é tempo de o homem plantar a semente de sua mais alta esperança. Seu solo ainda é bastante rico para isso. Mas, algum dia, esse solo estará pobre e esgotado... Aproxima-se o tempo em que o homem não mais arremessará a flecha do seu anseio para além do homem (*über den Menschen*)". E Zaratustra define os últimos homens como os que não sabem o que é amor, o que é criação, o que é anseio — isto é, tudo o que pode servir de ponte para o super-homem —, mas dizem que inventaram a felicidade porque "abandonaram as regiões onde era duro viver", reduziram o trabalho a um passatempo, desistiram do que é penoso, conquistaram segurança e conforto, consideram que todos são iguais e vivem para pequenos prazeres.

O item anterior dizia que o homem não pode ou não deve se considerar como meta, mas como ponte, como transição e ocaso, como "uma corda estendida entre o animal e o super-homem".[44] Agora, o super-homem, o "raio que rebenta da negra nuvem chamada homem",[45] a "estrela bailarina", é apresentado para o homem como a boa meta ou sua mais alta esperança. O problema é que essa meta precisa ser estabelecida, essa semente de esperança precisa ser plantada. E temendo que isso não aconteça, suspeitando que "aproxima-se o tempo em que

---

44. Essa idéia de que o homem não é o fim da criação é reafirmada, por exemplo, em *O anti-Cristo*, quando Nietzsche critica a vaidade de considerar o homem a grande finalidade secreta da evolução animal (§14). Cf. também *Fragmentos póstumos*, primavera de 1888, 15[8]. Mas negar o homem como fim e, ao mesmo tempo, afirmar que o fim seja o super-homem, evidentemente não suprime a idéia de fim.
45. Z, "Prólogo", §7.

o homem não dará mais à luz nenhuma estrela", em que o homem — o último —, esgotado, desiludido, sem forças, desprezível, terá perdido todas as esperanças de elevação da humanidade, Zaratustra, em vista disso, lança um grito de alerta, para fazer o povo sentir necessidade do super-homem, dizendo que seus valores estão se tornando cada vez mais desprezíveis e que o super-homem é o contrário do último homem.

A junção desses dois discursos dá uma idéia precisa do ensino de Zaratustra no início de seu ocaso: a morte de Deus cria um vazio que pode ser acentuado pelo último homem, para quem não há mais valor, ou preenchido pelo super-homem, produto da criação de novos valores. Qual é o aspecto afirmativo da mensagem de Zaratustra? A esperança. Zaratustra quer ensolarar de esperança os homens da praça do mercado. Isso pode parecer desconcertante ou injustificável para quem se lembre de algumas afirmações de Nietzsche a respeito da esperança: o §71 de *Humano demasiado humano*, que, interpretando o mito de Pandora, considera a esperança o pior dos males porque, sendo percebida como um bem, prolonga a tortura que os homens sofrem pelos outros males; o §38 de *Aurora*, que afirma que os antigos gregos consideravam a esperança cega e pérfida, enquanto o cristianismo e o espírito moderno pensam nela como virtude; o §23 do *Anti-Cristo*, que, depois de criticar a esperança religiosa no além, volta ao mito de Pandora para salientar que, por enfraquecer o sofredor, a esperança era para os gregos o mal supremo.[46]

Mas, justamente, isso só surpreenderá quem não levar em conta que Zaratustra é um personagem dramático,

46. Por outro lado, não se podem desprezar textos como o de *Ecce homo*, "Crepúsculo dos ídolos", §2, que diz: "somente a partir de mim existem novamente esperanças, metas, caminhos indicativos da cultura". O mesmo livro repete a mesma idéia em "Por que sou um destino", §1.

que passa por metamorfoses, e no início de sua trajetória ainda se encontra distante dos componentes mais radicais da filosofia trágica de Nietzsche. Portanto, mesmo que Nietzsche não seja um filósofo da esperança, a mensagem de esperança de Zaratustra nesse momento é clara: o homem pode não ter um deus e — por isso mesmo — ter um futuro. Mas, vendo sua mensagem não surtir o efeito desejado, Zaratustra chama a atenção para o perigo de que, depois do niilismo da morte de Deus, ou da substituição de Deus pelo homem reativo, o niilismo continue não apenas mudando de forma, mas atingindo sua etapa mais terrível: o desaparecimento de toda vontade, a ausência de todo valor, o fim do amor, da criação, do anseio. Pois o último homem não é o que, para usar uma idéia explicitada por Deleuze, prefere um nada de vontade, isto é, extinguir-se passivamente, a uma vontade de nada?[47]

Bem diferente será a posição de Zaratustra no momento da afirmação do eterno retorno quando, em vez de opor tão marcadamente o super-homem e o último homem, viverá a própria experiência do niilismo passivo, passará pela experiência do último homem, pela ausência de valor transcendente ou transcendental, de um fundamento metafísico ou de uma condição humana para o valor ou sentido da vida, pelo crepúsculo dos deuses e dos ídolos, pela descrença de metas e ideais, mas irá além, superando o próprio niilismo passivo. O que falta a Zaratustra no início de sua trajetória é, como veremos, a proximidade do niilismo passivo. Zaratustra, nesse momento, é solar e não noturno; é movimento para o alto e não para baixo: mesmo quando desce em direção aos

---

47. Cf. Gilles Deleuze, *Nietzsche et la philosophie*, p.200; *Nietzsche*, p.32. A primeira referência explícita de Nietzsche ao niilismo é o fragmento póstumo 12[57], do outono de 1881: "Em que medida todo o horizonte mais claro [*hellere*] aparece como niilismo." O termo, no entanto, não se encontra no *Zaratustra*.

homens, é para indicar aos que estão embaixo as "escadas do super-homem".

Qual é a reação do povo quando Zaratustra lhe fala do último homem? Diz o texto: "foi interrompido pela algazarra e pelo júbilo da multidão. 'Dá-nos esses últimos homens, Zaratustra', gritavam. 'Transforma-nos nesses últimos homens! E nós te daremos de presente o super-homem!'". Zaratustra se entristece por não ser compreendido pelo povo ou por ter desaprendido a lhe falar depois de tantos anos de solidão. Sente o perigo de que havia falado o eremita e retira-se da cidade para a floresta, acuado e odiado, carregando o cadáver de um funâmbulo que tinha sido empurrado por um palhaço quando pretendia atravessar uma corda estendida entre duas torres, "uma corda estendida entre o animal e o super-homem — uma corda sobre um abismo", como diz o item 4 do "Prólogo". Esse palhaço, que havia ameaçado Zaratustra de morte, seu terrível e mortal inimigo, personagem que, sob diversas formas, reaparecerá na estória, é o "espírito do negativo", o "demônio do niilismo".[48] "Quando vi meu Diabo, achei-o sério, metódico, profundo, solene: era o espírito de gravidade — a causa pela qual todas as coisas caem", diz Zaratustra em "Do ler e escrever", capítulo da primeira parte do livro.

A lição do fracasso

Zaratustra, portanto, fracassa ao falar ao povo, na grande cidade, sobre o super-homem e o último homem, indicando que a cultura moderna, marcada pelo niilismo da morte de Deus ou pela desvalorização dos valores supremos, abre dois caminhos, apresenta duas possibilidades de futuro, uma afirmativa, outra negativa. Mas por que

---

48. Cf. Gilles Deleuze, *Nietzsche et la philosophie*, p.219.

fracassa Zaratustra? Por ter falado ao povo, por ter falado para todos.

O que é, para Zaratustra, ser do povo? "Dos famosos sábios" fala dos "homens de vista curta, povo que ignora o que é o espírito". "De velhas e novas tábuas" diz que "quem é da plebe quer viver de graça". Ser do povo é não compreender "a grandeza, isto é, a força criadora". É ser "vingativo", "culpado", "bajulador", "covarde", "pequeno", em suma niilista, como se pode ver pelo capítulo "Das moscas da feira".[49] E nesse capítulo Zaratustra aconselha um amigo a fugir para a solidão, com essas belas palavras: "É longe da feira e da fama que se passa tudo o que é grande; foi longe da feira e da fama que sempre moraram os inventores de novos valores!"

O fracasso pedagógico de Zaratustra se deve ao fato de o povo não estar preparado para receber sua mensagem, por lhe faltar a base de seu ensinamento: o conhecimento ou, melhor ainda, o reconhecimento da morte de Deus. Como se ele tivesse chegado cedo demais e em lugar errado. Neste sentido, acredito que Zaratustra, nesse momento, encontra-se na situação do "insensato", que, depois de anunciar a morte de Deus na praça do mercado a homens que o olhavam sem compreendê-lo, reconhece: "Venho cedo demais, meu tempo ainda não chegou. Esse enorme acontecimento ainda está a caminho — ainda não chegou ao ouvido dos homens... Esta ação ainda está mais distante deles do que as mais distantes constelações — *e, no entanto, foram eles que a realizaram.*" Idéia reafirmada no aforismo 343, início do quinto livro de *A gaia ciência*: "O acontecimento é grande demais, está distante demais, muito além da capacidade conceitual da multidão para que se possa pretender que a notícia desse fato tenha *chegado*, bem menos ainda,

49. Em CI, "O problema de Sócrates", Nietzsche escreve que "Sócrates era plebe" (§3) e que "com a dialética socrática a plebe ficou por cima" (§5).

que alguns se tenham dado conta *do que* realmente se passou".[50] Em *Ecce homo*, Nietzsche parece sentir-se na mesma situação do "insensato" ou de Zaratustra, no início de sua trajetória, ao escrever: "seria completa contradição, se já hoje eu esperasse ouvidos e *mãos* para *minhas* verdades: que hoje não me ouçam, que hoje nada saibam receber de mim, é não só compreensível, parece-me até justo". Em *Assim falou Zaratustra*, só na quarta parte, no capítulo "Sem ofício", o "último papa", agora aposentado, confessa que todo mundo já sabe que o velho Deus, em quem um dia todos acreditaram, não vive mais. Faltando-lhe a condição da morte de Deus, o povo não pode entender a alternativa colocada por Zaratustra.

No entanto, o final do "Prólogo", precisamente o item 9, evidencia que esse primeiro fracasso possibilitou a Zaratustra o aprendizado de uma "nova verdade": "Uma luz raiou em mim: preciso de companheiros, e vivos — não de companheiros mortos e cadáveres, que levo comigo aonde quero. Uma luz raiou em mim: não é ao povo que deve falar Zaratustra, mas a companheiros! Não deve Zaratustra tornar-se pastor e cão de um rebanho. Desgarrar muitos do rebanho, foi para isso que vim... Quero unir-me aos que criam, que colhem, que festejam; quero mostrar-lhes o arco-íris e todas as escadas do super-homem". Fracasso e descoberta de uma nova verdade que são lembrados com bastante fidelidade no capítulo "Do homem superior", na quarta parte do livro:

---

50. EH, "Por que escrevo tão bons livros", §1. Em 1881, Nietzsche fez a seguinte anotação a esse respeito: "Deus morreu — quem o *matou*? É preciso que esse sentimento *de ter matado o Santíssimo e Todo Poderoso* venha, em primeiro lugar, se abater sobre indivíduos *isolados* — no momento isso seria prematuro! Esse sentimento ainda é fraco demais!" *Fragmentos póstumos*, outono de 1881, 12[77]. Em 1885, partindo da idéia de que os maiores acontecimentos chegam mais dificilmente ao sentimento dos homens, Nietzsche escreve que o acontecimento terrível que foi a morte do Deus cristão ainda terá necessidade de dois séculos para atingir os europeus. Cf. *Fragmentos póstumos*, abril-junho de 1885, 34[5].

"Na primeira vez em que fui para o meio dos homens, cometi a insensatez do eremita, a grande insensatez: fui à praça do mercado. E, como falasse a todos, não falei a ninguém. À noite, porém, meus companheiros eram funâmbulos e cadáveres; e eu mesmo, quase um cadáver. Com a nova manhã, contudo, me veio uma nova verdade; aprendi, então, a dizer: 'Que me importam a praça do mercado e a plebe e o estardalhaço da plebe e as orelhas compridas da plebe!'".

E, para assinalar a importância dessa descoberta, ou dessa decisão, o item seguinte, o último do prólogo, diz que é meio-dia — meio-dia, a hora "em que os mais seletos eleitos consagram-se à maior das tarefas", "o instante da suprema tomada de consciência", segundo *Ecce homo*[51] — e que no alto uma águia voa em círculos com uma serpente enrolada no pescoço formando uma aliança.[52] Aliança que, quando pensada na perspectiva trágica da filosofia de Nietzsche, simboliza a superação do dualismo da luz e das trevas, do céu e da terra, da altura e da profundidade, do bem e do mal. Com essa referência ao meio-dia e ao animal mais altivo e ao animal mais prudente, o livro faz a primeira alusão ao eterno retorno.

No entanto, o eterno retorno ainda está muito acima de Zaratustra, ou essa "nova verdade" está longe de ser um aprendizado final ou o mais profundo. E até lá Zaratustra vai ter de passar por muitas transformações, experimentar vários caminhos. Há uma provisoriedade, uma insuficiência nesse momento da sua trajetória, já indicada nesse item final do "Prólogo": "O animal mais altivo debaixo do sol e o animal mais prudente debaixo

---

51. EH, "O nascimento da tragédia", §4; "Aurora", §2, respectivamente.
52. Curt Paul Janz (*Nietzsche, Biographie*, tr. fr., II, p.498) nota a semelhança entre essa imagem e a do poema de Shelley, *A revolta do Islã*, que ele cita:

E nos ares uma águia eu vi
que o corpo anelado de uma serpente
levava em seu longo vôo.

do sol — saíram em exploração. Querem saber se Zaratustra ainda está vivo. Estou ainda vivo, na verdade?". Além disso, dois capítulos da terceira parte também relativizarão essa descoberta. "Da bem-aventurança a contragosto", quando afirma: "Companheiros, procurava outrora o criador e filho de *sua* esperança; e eis: acontece que não podia encontrá-los, a não ser que, primeiro, ele próprio os criasse". "O regresso", que, ao distinguir a positividade da solidão da negatividade do abandono, qualifica esse momento como um entre os que Zaratustra sentiu-se abandonado ao longo de seu caminho.

A origem do niilismo

O segundo momento da primeira parte do *Zaratustra*, denominado "Os discursos", é uma realização do projeto de "atrair muitos para fora do rebanho", isto é, "companheiros que escrevam novos valores em novas tábuas", como diz o item 9 do "Prólogo". A grande mudança estratégica ou pedagógica assinalada por esses discursos é não mais procurar mover ou comover o povo, mas arregimentar discípulos para a causa do super-homem por meio de uma pregação dirigida a alguns privilegiados.

Essa mudança é sensível inclusive na forma de expressão. O "Prólogo", como vimos, dá tal importância ao relato de acontecimentos que constitui uma verdadeira encenação. Já sua continuação se restringe, quase exclusivamente, e em todo caso mais do que em qualquer outro momento do livro, à apresentação do ensino de Zaratustra através de discursos. No último capítulo dessa primeira parte — quando aparece pela primeira vez a palavra "discípulo" — evidencia-se, finalmente, que esses discursos atingiram seu objetivo.

Será possível dar conta do conteúdo desses discursos apresentando sua linha mestra? A meu ver, a idéia que organiza toda a primeira parte de *Assim falou Zaratustra* pode ser determinada a partir das palavras finais do último capítulo: "Mortos estão todos os deuses; agora queremos que viva o super-homem — Esta será, um dia, no grande meio-dia, nossa última vontade!"

Há nos discursos da primeira parte um aspecto negativo: a crítica do niilismo.[53] Interpretei a problemática da morte de Deus, conforme aparece no "Prólogo", como o niilismo do homem moderno, com seu projeto de desvalorização dos valores supremos, dos valores mais elevados. É a constatação dessa existência niilista que, na visão de Zaratustra, abre duas possibilidades de futuro para a humanidade: o super-homem ou o último homem. A "morte de Deus" serve de base ou de trampolim para o apelo de superação do homem pelo super-homem, concebido como o que tem uma existência terrena, isto é, não fundada em valores transcendentes. Mas, como vimos, esse apelo em favor do super-homem não é escutado. Procurei, então, explicar a opção do homem do povo, do homem da praça do mercado, pelo último homem, ou o fracasso do ensino de Zaratustra, pelo fato de Zaratustra ter chegado em lugar errado, e cedo demais: o povo, na praça do mercado da grande cidade, desconhecia a morte de Deus, ou a essência do niilismo.

Daí a mudança de estratégia dos "Discursos", com Zaratustra tornando-se mais pedagógico e começando a falar não mais da morte, e sim do nascimento de Deus; não mais do niilismo considerado como desvalorização dos valores e sim como desvalorização da vida em nome dos valores superiores, que é seu primeiro sentido. O motivo é que, se há ruptura entre o niilismo reativo, niilismo moderno da morte de Deus, e o niilismo negativo do cristianismo e da metafísica, a continuidade entre estas duas formas de niilismo é muito mais fundamental: a desvalo-

53. Nietzsche anotou em 1881: "O primeiro livro como *oração fúnebre* de Deus morto". *Fragmentos póstumos,* outono de 1881, 12[21].

rização moderna dos valores superiores continua o processo de negação da vida iniciado pela moral cristã e metafísica.

Se há continuidade entre os valores divinos tradicionais e os valores humanos, demasiado humanos, modernos, o que torna possível essa passagem e faz da modernidade um "cristianismo latente"[54] é certamente a moral. De Platão até Kant haver mostrado que a razão humana se enreda em contradições inevitáveis ao pretender se elevar, pelo conhecimento, acima da experiência e do mundo dos fenômenos, os filósofos não se cansaram de provar a existência de Deus. Mas, se depois dispensaram Deus como hipótese desnecessária, não terão conservado a crença na moral, a ponto de o próprio Kant, com sua moral, haver reintroduzido o supra-sensível ou ter recaído "nos erros que são 'Deus', 'alma', 'liberdade' e 'imortalidade', como uma raposa que se perde em sua jaula?".[55] Não terá sido Nietzsche inclusive o primeiro a considerar que os ateus ainda permanecem piedosos prisioneiros do cristianismo?

Um aforismo de 1887 investiga de que modo "as formas mais ocultas do culto do ideal moral do cristianismo" estão presentes na modernidade, referindo-se à idéia rousseauniana de natureza, à idéia de homem *à la* Comte e Stuart Mill, à concepção romântica de arte, ao ideal socialista.[56] Mesmo fio condutor que o guia na apreciação da Revolução Francesa e do movimento democrático-burguês e o leva, por exemplo, a citar Robespierre, taxado de discípulo de Rousseau e fanático moral, por ambicionar, segundo o discurso de 7 de junho de 1794, "fundar sobre a terra o império da sabedoria, da justiça e da virtude".[57] Lembremo-nos de que, segundo o *Crepúsculo*

---

54. *Fragmentos póstumos*, outono de 1887, 10[2].
55. GC, §335.
56. Cf. *Fragmentos póstumos*, outono de 1887, 10[170].
57. Cf. A, "Prefácio", §3.

dos ídolos, Sócrates foi o inventor da equação: razão = virtude = felicidade.[58]

A apresentação das "idéias modernas" poderia continuar. Mas o que mostraria ela senão que a "morte de Deus" é cristianismo secularizado, um aprofundamento dos ideais cristãos, e não uma efetiva ruptura? "... o valor, o sentido, a esfera dos valores eram sólidos, incondicionais, eternos, sendo identificados com Deus... transferiu-se o advento do 'REINO DE DEUS' no futuro, sobre a terra, no humano — mas no fundo se manteve a crença no antigo ideal...".[59] O homem moderno nega Deus, mas continua inconscientemente a reverenciá-lo ao pôr em seu lugar idéias modernas como "humanidade", "sociedade livre", "ciência", "progresso", "felicidade para todos"... Substituir Deus pelo homem, como faz a modernidade, colocar valores humanos, demasiado humanos, no lugar de valores considerados divinos, não muda o essencial. Por quê? Porque o espaço, o lugar em que se coloca o homem continua o mesmo do Deus desaparecido: o espaço da moral ou da oposição de valores que instituiu a superioridade do bem e da verdade. Na base do ateísmo o que se encontra é a vontade de verdade que acaba se proibindo a mentira da fé em Deus.[60] "Vê-se *o que* triunfou do Deus cristão: a própria moral cristã, a noção de veracidade tomada em um sentido cada vez mais rigoroso, a sutileza da consciência cristã desenvolvida pelos confessores, traduzida e sublimada em consciência científica, até a nitidez intelectual a todo custo".[61] A posição de Nietzsche é clara: o ateísmo é o aperfeiçoamento, o refinamento da vontade de verdade criada pelo platonismo e pelo cristianismo. O homem moderno per-

---

58. CI, "O problema de Sócrates", §4.
59. *Fragmentos póstumos*, novembro de 1887-março de 1888, 11[226].
60. Cf. GM, III, §27.
61. GC, §357.

petrou a morte de Deus, mas foi envolvido pela sombra do Deus morto. Ainda é preciso, portanto, livrar-se dessa sombra.

O niilismo negativo, de onde todos os outros derivam, tem origem com o cristianismo e o platonismo, considerados numa relação intrínseca. Nietzsche às vezes privilegia o platonismo em detrimento do cristianismo. Definindo o platonismo como a doutrina dos dois mundos, um mundo sensível e mutante, que é o mundo da aparência, e o mundo supra-sensível, eterno e imutável, que é o mundo verdadeiro, considera então que o cristianismo vulgarizou o platonismo, na medida em que popularizou o mundo verdadeiro da filosofia chamando-o de outro mundo, de mundo do além. É este o sentido da célebre afirmação do "Prólogo" de *Além do bem e do mal*: "o cristianismo é um platonismo para o povo". Outras vezes, concede o lugar central ao cristianismo, partindo dele para compreender o platonismo, destacando assim a inspiração cristã da metafísica ocidental. É quando sugere que o ideal cristão já se encontra em Platão: que foi Platão quem inventou o salvador que desce para os que sofrem; que Platão é "anti-heleno e semita instintivo";[62] que Platão é cristão antecipadamente porque já postula o bem como conceito supremo;[63] que "se pagou caro que esse ateniense tivesse freqüentado a escola dos egípcios (— ou dos judeus no Egito?...)".[64] E, sobretudo, quando afirma, peremptoriamente, generalizando, "a religião falsificou a concepção da vida: a ciência e a filosofia foram apenas *ancilae* (servas) dessa doutrina... Que se acredite em Deus, no Cristo, em Adão, ou em nada: concorda-se que a vida é apenas pura *ilusão*, nada de verdadeiro, de real".[65]

---

62. *Fragmentos póstumos*, novembro de 1887-março de 1889, 11[294].
63. Cf. CI, "O que devo aos antigos", §2.
64. Idem.

Nessa oscilação, uma coisa porém é certa: nos dois casos, nas duas matrizes do niilismo negativo, a criação de valores superiores — Deus, o bem, a verdade — significa, para Nietzsche, a negação da vida em nome de uma outra vida, uma vida melhor; a negação do mundo em nome de um outro mundo: o mundo verdadeiro. Se a religião judaico-cristã e a metafísica socrático-platônica são por natureza niilistas é porque julgam e desvalorizam a vida temporal a partir do mundo supra-sensível e eterno, considerado verdadeiro.

A noção de Deus foi, segundo Nietzsche, inventada como antítese da vida.[66] Mas por quê? Porque Deus é pensado como a verdade. *A gaia ciência* e a *Genealogia da moral* se referem explicitamente "à crença cristã, que também foi a de Platão, de que Deus é a verdade, de que a verdade é *divina*...".[67] Essa crença, que está na base da religião, da filosofia, de que nada é mais necessário do que o verdadeiro, crença no caráter absoluto, inestimável, incriticável da verdade, no valor em si da verdade é o que Nietzsche chama de "vontade de verdade" e considera que foi reverenciada por todos os filósofos, jamais sendo colocada em questão antes dele.[68] E se Nietzsche se intitula um "filósofo da suspeita", o objeto principal dessa suspeita é justamente a crença em que "a verdade tenha mais valor do que a aparência", "a suposição mais mal demonstrada que existe".[69]

Mas que perigo é esse que se esconde na verdade, a ponto de torná-la o principal objeto da suspeita, ainda mais perigosa e arriscada, de Nietzsche? A resposta é simples e cheia de conseqüências: a moral. A vontade de verdade, que se encontra na base tanto da metafísica

---

65. *Fragmentos póstumos*, novembro de 1887-março de 1888, 11[264].
66. Cf. EH, "Por que sou um destino", §8.
67. GC, §344; retomado em GM, III, §24.
68. Idem.
69. BM, §34.

quanto da religião, esclarecendo inclusive a homogeneidade que existe entre elas, é uma vontade moral. Entre inúmeros textos de Nietzsche, o aforismo 34 de *Além do bem e do mal* o enuncia claramente: "Que a verdade tenha mais valor do que a aparência é um preconceito moral." E os §§23 a 28 da terceira dissertação da *Genealogia da moral* estabelecem explicitamente a relação intrínseca entre a verdade e o bem, entre uma genealogia da verdade e uma genealogia da moral, revelando que a crítica ao ideal de verdade, ao valor da verdade, constitui o essencial da crítica aos valores morais dominantes que têm origem na metafísica socrático-platônica e na religião judaico-cristã. Por quê? Porque para Nietzsche a crença no valor absoluto, incondicionado, metafísico, da verdade é uma atitude, um comportamento moral: querer a verdade é expressar o ideal ascético. Como diz o §24 da terceira dissertação da *Genealogia da moral*: pelo fato de a verdade ser postulada como Ser, como Deus, como instância suprema, o ideal ascético dominou todas as filosofias.

Se Nietzsche critica o ascetismo como uma forma de niilismo é por considerar que ele implica uma depreciação da vida. O ideal ascético da moral, considerando a vida um erro, nega-a e faz dela uma ponte para outra vida, a vida verdadeira. Daí Nietzsche não perdoar Sócrates por ter dito na hora de morrer que viver significa estar doente e que morrer seria a cura da doença que é viver.[70] Daí Nietzsche também abominar o símbolo cristão da cruz por interpretá-lo como uma divinização da morte: "O 'Deus na cruz' é uma maldição contra a vida, um convite a dela se redimir".[71] O que o leva, inclusive, a

70. Cf. CI, "O problema de Sócrates", §1.

71. *Fragmentos póstumos*, primavera de 1888. E a seqüência do aforismo, ao propor Dioniso como alternativa ao Crucificado, aponta na direção do pensamento abissal de Nietzsche: "Dioniso esquartejado é uma *promessa* de vida: renascerá eternamente e voltará da destruição."

acreditar que dois dos maiores crimes da história da humanidade — o de Sócrates e o do Cristo — foram na verdade dois suicídios.

O que interessa a Zaratustra ressaltar na criação, pelo homem, do Deus cristão? Sua motivação, sua causa, seu porquê. A que se deve a criação de Deus e do além-mundo, e o conseqüente desprezo do corpo e da terra como condições para a redenção do homem? Ao sofrimento, à impotência, à doença, à iminência da morte! Essa idéia de que os deuses não só têm uma origem terrena ou humana, como são fruto da fraqueza, ou da incapacidade de lidar com o sofrimento, é o principal aspecto crítico do capítulo "Dos ultramundanos". Ouçamos Zaratustra falar aos ultramundanos, os visionários do além: "Sofrimento e impotência — isso criou todos os ultramundos; e, mais, a breve loucura da felicidade que só o grande sofredor experimenta. Um cansaço, que, num único salto, um salto mortal, quer chegar ao marco extremo, um pobre, ignorante cansaço, que já não quer nem mesmo querer: isso criou todos os deuses e ultramundos... Enfermos e moribundos, eram os que desprezaram o corpo e a terra e inventaram o céu e as gotas de sangue redentoras". E o tema é mais uma vez abordado em "Dos pregadores da morte", quando Zaratustra classifica os pregadores da vida eterna de "tísicos da alma", "seres terríveis" que, mal nasceram, já começam a morrer e a suspirar por doutrinas do cansaço e da renúncia, proclamando: a vida está refutada; insensato é quem continua vivo; a vida é só sofrimento; deves matar-te a ti mesmo; a volúpia é pecado; o parto é uma coisa penosa; é preciso ter compaixão. E, para esses pregadores da morte, Zaratustra, o ímpio, tem um conselho bem condizente com a palavra de Nietzsche "é preciso proteger os fortes contra os fracos": que morram depressa!

O elogio do criador

O aspecto positivo, ou afirmativo, desses discursos é o enaltecimento da figura do criador. Várias vezes, nesses textos, Zaratustra ensina a altivez do criador, do que estabelece valores, do que é a medida e o valor de todas as coisas, do que cria o sentido da terra. Uma das idéias mais importantes da filosofia de Nietzsche é exposta na primeira parte do *Zaratustra*: a relação entre valor e criação. A noção de valor é essencial à filosofia de Nietzsche. Segundo Heidegger, a difusão das obras de Nietzsche popularizou o pensamento em termos de valor.[72] Deleuze, mais incisivo, chega mesmo a dizer ter sido Nietzsche o introdutor, na filosofia, do conceito de valor.[73] No *Zaratustra* isso se dá nessa primeira parte do livro através do enunciado de que criar é avaliar. O valor depende a tal ponto de uma criação humana que no capítulo "De mil e de um alvos" Nietzsche dá a etimologia da palavra alemã *Mensch* (homem) como "aquele que avalia". Esse capítulo traz um dos textos mais importantes do livro sobre a relação entre valor, avaliação e criação: "Avaliar é criar: escutai-o, ó criadores! O próprio avaliar constitui o grande valor e a preciosidade das coisas avaliadas. Somente há valor graças à avaliação; e, sem a avaliação, seria vazia a noz da existência".

É importante nessa noção de valor proposta por Zaratustra — e que constitui uma das marcas do pensamento de Nietzsche — a crítica à existência de pretensos valores em si, valores eternos, absolutos, imutáveis. Crítica que coincide inteiramente com a constatação da *Genealogia da moral*: "Considerou-se o *valor* desses valores como dado, como real, como além de qualquer questiona-

---

72. Cf. Martin Heidegger, "A palavra de Nietzsche 'Deus morreu'", in *Chemins...*, tr. fr., p.186.
73. Cf. Gilles Deleuze, *Nietzsche et la philosophie*, p.1.

mento".[74] O questionamento desses valores consiste, nesse momento do *Zaratustra*, em se posicionar contra o absolutismo dos valores, que, segundo *Além do bem e do mal*, denota "o pior dos gostos, o gosto pelo incondicional",[75] negando que eles tenham um fundamento metafísico. Ao mesmo tempo há um importante correlato: a afirmação da relatividade dos valores, ou melhor, das avaliações, que evidencia que os valores são humanos, que é o homem quem dá valor ou sentido às coisas, que os valores — mesmo os valores metafísicos — são criações. Neste sentido, a filosofia de Nietzsche é mais propriamente uma filosofia da avaliação do que do valor, visto que o valor depende da avaliação, supõe a avaliação, tornando inclusive possível uma transvaloração que põe em questão o valor dos valores metafísico-cristãos e modernos, propondo novos princípios de avaliação.

A idéia de que o valor depende da avaliação e de que avaliar é criar não é uma novidade desse capítulo. "Dos ultramundanos" já se referia ao "Eu que cria, que quer, que estabelece valores, que é a medida e o valor de todas as coisas". Também não é uma novidade do *Zaratustra*. Essa idéia já aparece, por exemplo, no §301 de *A gaia ciência*, intitulado "Delírio dos contemplativos". Depois de considerar os homens "meditativos-sensíveis", entre os quais ele se inclui, os que mais possuem força criativa e produzem algo que ainda não existe, Nietzsche conclui o aforismo de modo bem semelhante à concepção do valor existente em "De mil e de um alvos": "Tudo o que tem algum *valor* no mundo atual, não o tem em si, não o tem por sua natureza — a natureza é sempre sem valor —, mas recebeu um dia valor, como um dom, e *nós* fomos os doadores! Fomos nós que criamos *o mundo que diz respeito ao homem*!".

---

74. GM, "Prefácio", §6.
75. BM, §31.

Ora, textos como esses, que o apresentam como um pensador antropológico, não expressam todo o pensamento de Nietzsche. Deslocando o valor eterno para a avaliação histórica e propondo o homem criador como princípio de todo valor, fundam uma axiologia numa antropologia, inserindo-se, portanto, perfeitamente na temática geral da primeira parte do *Zaratustra*, longe de ser a última palavra do livro e, por conseguinte, de Nietzsche sobre o assunto. Denotam, neste sentido, uma perspectiva parcial e insuficiente sobre a questão do valor, por não indicar que as condições últimas de avaliação são as condições de vida e que fazer da vida objeto de avaliação implicaria se colocar fora da vida. Em última análise, os juízos de valor sobre a vida são apenas sintomas de um tipo de vida, visto ser a própria vida que avalia através do homem quando ele estabelece valores.[76] O que Zaratustra não diz porque não sabe — nesse momento de sua trajetória em que ressalta a importância do criador, capaz de dar à luz o super-homem, como uma alternativa à visão de mundo fundada no Deus cristão — é que na base da avaliação está a vida entendida como vontade de potência.

Vimos que em "De mil e de um alvos" Zaratustra define a palavra *Mensch* (homem) como "aquele que avalia". Essa idéia voltará na *Genealogia da moral*. Mas o tom, nesse momento, será diferente, indicando menos uma posição reivindicada por Nietzsche do que uma constatação de que "talvez" um sentimento de primazia em relação aos outros animais tenha feito com que o homem se tenha designado "o animal avaliador". Eis o texto: "Talvez a palavra alemã *Mensch* (*manas*) expresse algo desse orgulho: o homem se designa como o ser que mede valores, que avalia e mede, o animal avaliador em si".[77]

---

76. Cf., por exemplo, CI, "O problema de Sócrates", §2, "A moral como contranatureza", §5.
77. GM, II, §8.

É importante salientar que em "De mil e de um alvos" Zaratustra tematiza o valor em termos de bem e mal (*Gut und Böse*), privilegiando-os a ponto de afirmar que nenhum poder maior encontrou do que esses valores. Mas não há crítica nessa consideração. Pelo contrário — como se prenunciasse a diferença entre bom e ruim (*Gut und Schlecht*), no sentido que lhe dará a *Genealogia da moral*, quando diz que além de bem e de mal não significa além do bom e do ruim[78] —, nota-se um tom épico na idéia de que o bem de um povo é aquilo que lhe é difícil superar: "Aquilo que faz com que domine, triunfe e brilhe, para horror e inveja do vizinho: isso ele reputa o máximo, o primeiro, a medida e o sentido de todas as coisas". Considerando os povos como criadores, antes do nascimento do cristianismo e da moral cristã, Zaratustra chega a citar o povo grego e a aludir ao persa, ao judeu e, possivelmente, ao romano como exemplos de sistemas diferentes de valores para ilustrar que a tábua do que é bom para um povo é a tábua do que ele superou. É inclusive bem significativo da temática apolínea do livro que, ao se referir à Grécia, Zaratustra, citando Homero, reproduza palavras de Peleu a Aquiles, "o melhor dos gregos", tal como aparece na *Ilíada*: "'Deverás ser sempre o primeiro e sobrepujar os outros; a tua alma ciumenta não deverá amar ninguém, senão o amigo' — isso fazia tremer a alma de um grego; e, entrementes, percorria ele a senda de sua grandeza".[79]

E se a idéia de superação é central nesse discurso de Zaratustra não é só porque serve para explicar as tábuas de avaliação de cada povo pelas leis de superação que cada um instaurou; ela é também central porque serve para encaminhar, depois da existência de mil alvos, a idéia de um único alvo, de uma única meta, que, no

78. GM, I, §17.

79. Cf. Homero, *Ilíada*, XI, 784.

movimento de superação, signifique a passagem de mil povos a um único povo: o povo do super-homem. O que "De mil e de um alvos" termina por anunciar é o super-homem como único alvo da humanidade futura, como o bem da humanidade que precisa ser criada.[80]

É também nesse capítulo que trata da criação de valores que aparece pela primeira vez no *Zaratustra* — e pela primeira vez numa obra publicada de Nietzsche — a expressão "vontade de potência".[81] Seu sentido nessa primeira parte do livro não é muito explicitado, mas já aparece intrinsecamente ligado ao tema do valor. Indicando que nenhum povo poderia viver se não avaliasse de modo próprio o que é o bem e o mal por sua vontade de potência, esse discurso confere à vontade o estatuto que ela manterá na obra de Nietzsche: o de princípio de toda avaliação. É verdade que o sentido fundamental da vontade de potência como idêntico à vida só será tematizado no capítulo "Da superação de si", na segunda parte do livro, o que significará um passo importante na trajetória de Zaratustra. Em "De mil e de um alvos", "vontade de potência" tem um sentido mais restrito e menos rico: diz respeito à vida humana, destacando o caráter antropológico do valor, visto ser ele a expressão da vontade de potência do homem. Substituição, portanto, de um fundamento metafísico dos valores por uma condição humana, importantíssima porque apenas pensando o homem como criador de valor, como avaliador, é possível almejar que ele se supere em direção ao super-homem. O que faz Zaratustra nesse momento é partir da vontade de potência para situar a alternativa que se abre para o homem, em relação ao valor, entre o super-homem, fruto

80. O §108 de *Aurora* diz: "Apenas se a humanidade tivesse um *alvo* universalmente reconhecido poder-se-ia propor: 'É *preciso* agir assim ou assado'. No momento não existe nenhum alvo desse tipo."

81. Nietzsche já havia escrito "vontade de potência" nos *Fragmentos póstumos* do final de 1876 — verão de 1877, 23[63], e do final de 1880, 7[206].

da vontade criadora, e o último homem, que, para retomar a expressão do "Prólogo", "não mais arremessará a flecha do seu anseio para além do homem".

Ora, considerar a vontade de potência unicamente do ponto de vista do homem como auto-superação criadora da existência significa, para Zaratustra, pensar o homem como ponte e não como meta. E não se trata de constatar um fato: trata-se de formular uma exigência, pois enquanto para Zaratustra o homem deve ser ponte, os próprios homens se tomam como meta. Tomar-se como meta é desprezar o processo de auto-superação próprio da vontade e só pode levar ao último homem ou à ausência de vontade. O que significa que Zaratustra está pensando o homem a partir do super-homem. Se os "desprezadores do corpo" são criticados é por não serem pontes que levam ao super-homem. E se os "criadores" são enaltecidos é justamente pelo motivo inverso. "Amo aquele que quer criar para além de si e, deste modo, perece", diz "Do caminho do criador". Ser criador é ser "flecha e anseio no rumo do super-homem", segundo "Do casamento e dos filhos". Há uma ponte, um rumo, um caminho para o super-homem. Como se colocar nesse caminho? A resposta de Zaratustra é simples: tornando-se criador.

O que se nota, portanto, é o valor do homem, de suas ações, de seus pensamentos, ser avaliado a partir de um critério: o super-homem. Ao deslocar a questão dos valores de Deus para o homem através da idéia de que o valor depende de avaliação da vontade humana, Zaratustra estabelece — em continuidade com a relação já feita pelo "Prólogo" entre vontade e super-homem ao indicar "Fazei vossa vontade dizer: 'que o super-homem *seja* o sentido da terra!'" — que aquilo que deve nortear os atos de avaliação da vontade é o super-homem.

Assim, nesse momento, o tema da vontade não apenas se vincula ao do super-homem: é dele dependente. O super-homem, perfeição futura, é, para o homem do presente, a condição de uma redenção futura. Desse modo, é ele quem dá sentido ao casamento: "Casamento: assim chamo a vontade a dois de criar um ser que seja mais do que aqueles que o criaram"; "Sede do criador, flecha e anseio no rumo do super-homem: fala, meu irmão, é esta a tua vontade de casamento?".[82] Ao fim do Estado: "Onde cessa o Estado — olhai para ali, meus irmãos! Não vedes o arco-íris e as pontes do super-homem?".[83] À amizade: "Que o futuro e o distante sejam, para ti, a razão do teu hoje: no amigo, deves amar o super-homem como a tua razão de ser".[84] E dá sentido até mesmo à morte: "Quem tem um alvo e um herdeiro quer a morte a tempo certo em função do alvo e do herdeiro"[85].

Essa metáfora da ponte para a outra margem coexiste com outra metáfora espacial talvez ainda mais expressiva: a da subida e da descida. Segundo essa imagem, o homem pode seguir o caminho para o alto, para o super-homem, ou para baixo, em direção ao último homem. E o caminho para o alto, caminho da auto-superação, de auto-ultrapassagem, é o antídoto que Zaratustra oferece à falta de sentido ou à ausência de valor decorrentes da morte de Deus. "Para o alto ruma o nosso caminho, subindo da espécie para a superespécie (*Über-Art*)", diz o último capítulo da primeira parte, "Da virtude que dá".

É também com relação a essa espacialização que se situa, em todo o livro, a alternativa entre ser solitário e ser do povo. No *Zaratustra*, a grande cidade fica embaixo, nas mormacentas baixadas. O alto é o lugar da solidão, no alto sempre se está só. Mas, como já assinalei, solidão não é isolamento. Esta é a concepção do eremita. Para Zaratustra, ser solitário é fundamentalmente ser

---

82. Z, "Do casamento e dos filhos".
83. Z, "Do novo ídolo".
84. Z, "Do amor ao próximo".
85. Z, "Da morte voluntária".

criador, inventor de novos valores. Ser solitário, como é dito em "Do caminho do criador", é poder dar a si próprio o seu bem e o seu mal, é colocar sua vontade — sua "virtude que dá" — acima (*über*) de si como uma lei. Em vez da homogeneidade, da uniformidade, da universalidade — "nenhum pastor e um só rebanho" — da feira, da praça do mercado, da grande cidade, a singularidade da solidão dos altos montes como o caminho da superação do homem, dos valores humanos, demasiado humanos: o caminho do super-homem. "Aquele que sobe ao monte mais alto ri de todas as tragédias, falsas ou verdadeiras", segundo "Do ler e escrever".

O super-homem e o "povo de solitários"

No final da primeira parte, descobrimos que a estratégia de Zaratustra de desviar do rebanho "companheiros que escrevam novos valores em novas tábuas" parece ter dado certo, pois ele sai da cidade acompanhado por "muitos, que se diziam seus discípulos".[86] São os criadores, os solitários, que se elegeram a si próprios, a quem Zaratustra considera como pontes para o futuro super-homem: "Quedai-vos vigilantes e à escuta, ó solitários! Chegam ventos, do futuro, com misterioso bater de asas; e trazem boa nova aos ouvidos finos. Vós, os solitários de hoje, os segregados, sereis, algum dia, um povo; de vós, que vos elegestes a vós mesmos, deverá nascer um povo eleito; e dele — o super-homem".[87]

Como no "Prólogo", também nos "Discursos" o ensino de Zaratustra, ao anunciar o super-homem, privilegia o futuro ou a esperança. Como se pode ver, por exemplo, quando ele afirma, aos "pregadores da morte": "Se acreditásseis mais na vida, não vos abandonaríeis tanto ao momento presente.

86. Z, "Da virtude que dá", §1.
87. Ibid, §2.

Mas não tendes em vós conteúdo suficiente para esperar"; aos irmãos de guerra: "Que o vosso amor à vida seja amor à vossa mais excelsa esperança; e que a vossa mais excelsa esperança seja o mais excelso pensamento da vida... 'O homem é algo que deve ser superado!'"; aos amigos, sobre o amor ao próximo: "Aconselho-vos o amor ao próximo? Ainda prefiro aconselhar-vos a fuga do próximo e o amor do distante... e futuro... Que o futuro e distante sejam, para ti, a razão do teu hoje".

Ora, nesse projeto de dar à luz o super-homem, os discípulos desempenham um papel crucial. No início de sua trajetória, de seu aprendizado, Zaratustra é um anunciador do super-homem futuro. E se, nessa etapa, ele faz discípulos, é porque acredita haver progresso dos discípulos ao super-homem; é porque, em sua visão da história, cabe aos discípulos seguirem o caminho, atravessarem a ponte, subirem as escadas do super-homem. E mesmo se, no último capítulo da primeira parte do livro, no momento aliás em que aparece pela primeira vez a palavra "discípulos", Zaratustra lhes pede que dele se afastem, afirmando que "retribui-se mal um mestre, quando se permanece sempre e somente discípulo", ele não está propriamente renegando os discípulos; está explicitando a conseqüência nova e paradoxal de seu ensino: ser seu discípulo é eleger-se a si mesmo, é ser solitário, criador de seus próprios valores; ser seu discípulo é, em vez de permanecer fiel a seu ensinamento, isto é, em vez de imitá-lo, ultrapassá-lo, superá-lo no caminho do super-homem.[88] Deste modo, ao tema do super-homem

88. Em A, §447, Nietzsche escreve que "pertence à humanidade de um mestre pôr seus discípulos em guarda contra ele", dando inclusive um tom pessoal a essa precaução ao afirmar em um fragmento da mesma época: "pôr em guarda contra mim". *Fragmentos póstumos*, outono de 1880 [6, 315]. Em GC, §99, Nietzsche cita como sendo da própria vida as palavras da epígrafe à 2ª edição do *Werther* de Goethe: "Sê um homem e não me sigas — sigas apenas a ti mesmo! a ti mesmo!".

considerado como meta, como alvo, como fim da história, que domina a primeira parte do livro e subordina todos os outros temas, corresponde, do ponto de vista dramático, o apelo, no primeiro momento, ao povo, em seguida aos discípulos, ao povo de solitários.

Mas esse é apenas o início da trajetória de Zaratustra, o início de um aprendizado que será cada vez mais profundo, mais radical. Se agora ele deixa os discípulos — apoiado no "bastão em cujo castão de ouro se via uma serpente enrolada em torno de um sol", possível alusão ao cetro de Esculápio —, é pensando neles. E, por isso, quando eles tiverem vivido a experiência de sua solidão, Zaratustra voltará para o meio deles com outros olhos, com outro amor.[89]

---

89. Em carta a Peter Gast, de 13 de julho de 1883, em que anuncia haver escrito a segunda parte do *Zaratustra*, Nietzsche esclarece que com ela se içou a um segundo grau para, de lá, atingir o terceiro (a terceira parte), que, nesse momento, ele significativamente intitula "Meio-dia e eternidade".

SEGUNDA PARTE

A vontade de potência e o desafio do passado

A volta para os discípulos

Depois de deixar os discípulos, Zaratustra volta para a solidão de sua caverna. "O menino com o espelho", primeiro capítulo da segunda parte, inicialmente chamado "A segunda aurora", apresenta Zaratustra em sua solidão, no exato momento em que considera sua volta para o meio dos homens. Neste sentido, esse texto é bastante semelhante não só ao início do "Prólogo", como também a "O sacrifício do mel" e "O sinal", primeiro e último capítulos da quarta parte do livro.

Como acontece sempre que se encontra em sua caverna ou em sua montanha, a sabedoria de Zaratustra cresce e ele vive plenamente. Só que agora ele está impaciente e sofre com a ausência dos discípulos. E o capítulo pretende justamente apresentar sua felicidade, sua ventura, porque um sonho — em que ele se olha no espelho e vê a careta e o riso de mofa de um diabo — indica-lhe que sua doutrina foi desfigurada por seus inimigos, fazendo-o perder os amigos. O final da primeira parte dizia: "... somente depois que todos me tiverdes renegado, eu voltarei para vós". Chegou, portanto, a hora de Zaratustra voltar para junto dos discípulos. E, mais uma vez, o desejo de procurar os homens — acentuado, agora que Zaratustra tem discípulos — é motivado pelo excesso de amor. Entre as várias imagens que o texto oferece do amor de Zaratustra, a última expressa com rara beleza essa relação entre plenitude e dádiva: "A minha selvagem sabedoria ficou prenhe em solitários montes; em ásperas pedras, deu à luz o mais novo de seus filhotes... Nos relvados macios dos vossos corações, meus amigos! — no vosso amor, desejaria ela deitar o seu predileto!"

A segunda parte do livro, que apresenta a segunda volta de Zaratustra para o meio dos homens, é constituída por três estágios de crescente importância. O primeiro é a reeducação dos discípulos através de um ensino em continuidade com a primeira parte: expõe, inicialmente, a crença em Deus, considerando-a causa do niilismo, incompatível com o super-homem e a vontade criadora, por abolir o tempo e o devir com a doutrina do imperecível e a promessa de redenção fora do tempo; critica, em seguida, os valores religiosos, morais e gnosiológicos decorrentes da visão de mundo cristã. O segundo estágio apresenta, pela primeira vez, Zaratustra atraído — nos três ditirambos dionisíacos: "O canto noturno", "O canto de dança", "O canto do túmulo" — pelo aspecto noturno, sombrio, tenebroso, malévolo, da vida, definindo, em seguida, a vida como aquilo que deve sempre se superar em uma perspectiva para além de bem e de mal, isto é, como vontade afirmativa de potência. Finalmente, o terceiro estágio introduz o tema do eterno retorno, situando a irreversibilidade do tempo e a existência do passado não só como limite à vontade de potência, mas também como desafio que deve ser levado em conta ao se pensar uma autêntica redenção.

Deus e a vontade criadora

"Nas ilhas bem-aventuradas", que, num fragmento póstumo, Nietzsche intitulou "Dos deuses", inicia o ensino de Zaratustra a seus discípulos depois de sua segunda solidão.[1] O título do capítulo já evidencia que, nesse momento, voltar para o meio dos homens não mais significa voltar para a grande cidade, para a praça do mercado, para todos. Ao fazer a ação da segunda parte se passar "nas ilhas bem-aventuradas", Nietzsche está salientando a importância que o indivíduo heróico continua a merecer no pensamento de Zaratustra depois do fracasso do "Prólogo" e a descoberta de que alguns privilegiados deverão substituí-lo no caminho para o super-homem. E, a esse respeito, a segunda parte também fará uma revelação decisiva.

Esse texto é uma crítica da idéia de Deus como suposição e uma defesa da vontade humana como princípio de criação. Crítica de Deus na perspectiva do criador, em que o antagonismo entre os dois se manifesta na consideração de Deus como suposição que ultrapassa ou impossibilita a vontade criadora. "Deus é uma suposição; mas quero que vosso supor não vá além da vossa vontade criadora. Podeis *criar* um Deus? Então calai-vos de uma vez por todas a respeito de todos os deuses! Mas bem podeis criar o super-homem"; "Para longe de Deus e dos deuses atraiu-me essa vontade [a vontade de procriação]; que haveria para criar — se houvesse deuses!". Deus é uma idéia que não pode ser pensada sem abolir a vontade criadora, sem aprisionar a vontade libertadora. Mas, se não se pode criar um deus, pode-se muito bem criar o mundo: "Aquilo que chamais mundo, é preciso, primeiro, que seja criado por vós..."

Como se vê, "Nas ilhas bem-aventuradas" retoma a crítica dos valores transcendentes expressos pela crença em Deus, já apresentada em "Dos ultramundanos", e a relação entre valor, avaliação e criação, estabelecida por

1. Na mitologia grega, é nas ilhas dos Bem-Aventurados que se reúnem as almas dos heróis.

"De mil e de um alvos", que afirma somente haver valor graças à avaliação produzida pela vontade criadora. Contudo, a antinomia entre a vontade libertadora, o querer que liberta, e o niilismo, que, em última instância, pode levar ao "grande cansaço" de não mais querer, não mais criar, não mais determinar valores, é estabelecida agora mais explicitamente na perspectiva da relação entre tempo e eternidade.

Por que a idéia de Deus ultrapassa os limites que devem ser estabelecidos ao pensamento ou ao que pode ser pensado?[2] A resposta a essa questão é clara: porque abole o tempo! "Teria sido o tempo abolido e todo o transitório não passaria de mentira?"; "Más e anti-humanas chamo todas essas doutrinas do uno, perfeito, imóvel, saciado, imperecível." Enaltecer o criador tem como contrapartida denunciar a desvalorização do tempo ou a vingança contra o tempo — como será dito posteriormente — que se encontra na idéia de um além ou de um aquém do tempo. Assim, ao invés de a redenção do sofrimento estar em Deus, na eternidade, ela só é realmente possível pela criação no tempo. Criar é afirmar a transitoriedade, o passar do tempo, o devir. Neste sentido, a perigosa morte de Deus, ao tornar possível a vontade criadora, é um renascimento do tempo em sua positividade. Valorização do tempo em detrimento da eternidade supra-sensível, considerada como modelo do tempo, que, em continuidade com a primeira parte do *Zaratustra*, privilegia mais uma vez o futuro, pelo projeto de criação do super-homem: "bem podeis criar o super-homem".

A partir daí, como que extraindo as conseqüências desses princípios antagônicos, tempo-eternidade, Zara-

---

2. É impossível não pensar na ressonância kantiana dessa questão, sobretudo quando se sabe que, no início de sua produção filosófica — inspirado em Kant e Schopenhauer — o tema dos limites do conhecimento era fundamental para Nietzsche.

tustra apresenta, primeiro para os discípulos, depois para os "famosos sábios", sua "selvagem sabedoria", explicitando alguns valores decorrentes tanto da vontade niilista como da vontade criadora.

Critica os misericordiosos, compassivos, piedosos, denunciando sua falta de pudor e acusando-os de serem os que mais causaram sofrimento ao homem; ao mesmo tempo, revela que, embora a história dos homens seja vergonhosa, o homem nobre não envergonha os outros e ama acima da compaixão, porque todo criador é duro e grandes favores geram ressentimentos.[3]

Critica os sacerdotes, e sua humildade rancorosa, por só terem sabido amar o seu Deus crucificando o homem e por serem prisioneiros de falsos valores e palavras ilusórias do Redentor; ao mesmo tempo, estabelece que uma doutrina não-niilista vem do fogo de quem a propõe e faz votos que os sacerdotes sejam redimidos por homens maiores do que todos os redentores, isto é, pelo super-homem.

Critica a ordem moral, por haver introduzido mentirosamente prêmio e castigo no fundo das coisas e das almas dos virtuosos, que pretendem ganhar a eternidade como recompensa pelo hoje; ao mesmo tempo, ensina que não há recompensa, não há paga nem pagador, e que se deve ser sua própria virtude, estar inteiramente em sua ação.

Critica o passado e o presente, por pertencerem à canalha, à gentalha do poder, do escrever, do prazer; ao mesmo tempo, confessa ter um dia quase sufocado ao perguntar se a canalha também era necessária à vida, decla-

3. O §29 de "De velhas e novas tábuas", sobre a dureza, depois de reafirmar que os criadores são duros e afirmar que o mais nobre é duríssimo, conclui: "Esta nova tábua, meus irmãos, suspendo por cima de vós: tornai-vos duros!" A respeito dessa idéia, *Ecce homo* ("Assim falou Zaratustra", §8) acrescenta: "O imperativo: tornai-vos duros!, a mais básica certeza de que *todos os criadores são duros*, é a verdadeira marca de uma natureza dionisíaca."

rando também que o nojo, "seu maior perigo",[4] roeu-lhe a vida e, para dele se libertar, voou para a mais excelsa altura, onde a angústia de sua primavera tornou-se estival meio-dia, levando uma vida da qual a canalha não participa; termina o discurso convidando "seus amigos", seus discípulos, a construírem seu ninho na árvore do futuro.

Critica os pregadores da igualdade, os defensores da justiça da igualdade, por considerar a "vontade de igualdade" um delírio tirânico da impotência, um disfarçado desejo de vingança, um sintoma de fraqueza, uma vontade de conservação; ao mesmo tempo, esclarece que em sua visão da justiça, que quer redimir o homem da vingança, os homens não são iguais, nem devem tornar-se, porque "terão de abrir caminho para o futuro", para o super-homem, e porque "a vida quer subir e, subindo, superar a si mesma".

Finalmente, voltando à antinomia povo/solitário, critica os "famosos sábios", moradores das cidades, servidores do povo, que têm o espírito e a virtude do povo, sem jamais conhecerem a altivez do espírito, a "felicidade no terror do espírito"; ao mesmo tempo, elogia os "espíritos livres", solitários senhores do deserto, homens verazes, sem deuses, de vontade de leão e, por esses motivos, odiados pelo povo.

A tentação dionisíaca

Acontece, então, algo que terá uma importância decisiva na trajetória de Zaratustra, apontando uma direção inteiramente nova. Depois do último discurso, há como que um corte brusco na narrativa e Zaratustra aparece só, não mais pregando ou discursando para outros, mas cantando. É este o momento em que Zaratustra canta pela primeira vez no livro, e canta três vezes seguidas.

4. Expressão de *Ecce homo* ("Por que sou tão sábio", §8), ao comentar esse capítulo, "Da canalha".

O primeiro canto, "O canto noturno", que dois fragmentos póstumos intitularam "Luz eu sou" e "A canção da solidão", pode ser resumido assim:

Minha alma é uma fonte borbulhante
Minha alma é o canto de um amante
Há em mim um insaciável anseio de amor
Ah! fosse eu noite, escuro, noturno
Ai de mim que tenho de ser luz e solidão
E sede do que é noturno.

Esse canto é explicitamente caraterizado por Nietzsche como um "ditirambo dionisíaco", originalmente um canto cultual entoado por um coro em honra a Dioniso, no caso, um "ditirambo de solidão do sol na luz".[5] *O nascimento da tragédia* já enaltecia o ditirambo ao dizer que nele "o homem é incitado à máxima intensificação de todas as suas capacidades simbólicas", ao mesmo tempo que advertia sobre o perigo que esse demoníaco cantar do povo representava para o homem apolíneo, que, diante desse novo fenômeno, ficava assombrado e temeroso.[6] Antes de citar integralmente "O canto noturno", *Ecce homo* desmerece até mesmo a tragédia grega em nome do *Zaratustra*, ao dizer a respeito desse seu canto: "Sou o inventor do ditirambo. Ouça-se como Zaratustra fala consigo *antes do nascer do sol*: tal felicidade esmerada, tal delicadeza divina não tinha voz antes de mim. Até a mais profunda melancolia de tal Dioniso se torna ditirambo: tomo como signo 'O Canto noturno' — a queixa imortal de ser, pela abundância de luz e poder, por sua natureza *solar*, condenado a não amar". E, depois de transcrevê-lo, acrescenta: "assim sofre um deus, um Dioniso".[7]

---

5. EH, "Zaratustra", §8.
6. NT, §2; §4.
7. EH, "Assim falou Zaratustra", §§7 e 8. Sobre o modo como o jovem Nietzsche descrevia o "dramaturgo ditirâmbico", cf. CE, IV, *Richard Wagner em Bayreuth*, §7.

Por que essa referência ao dionisíaco? A meu ver, é possível compreendê-la pelo modo diferente como se sente Zaratustra, nesse e nos dois cantos seguintes, com relação ao que vinha sendo o seu ocaso, que passa do desejo de iluminar o que é noturno, para o desejo de ser noturno para ser iluminado: "Oh seres escuros, noturnos, somente vós retirais calor do luminoso. Somente vós bebeis o bálsamo e o leite dos úberes da luz." Uma relação dos termos utilizados para expressar o seu estado de espírito mostra que, no "Canto noturno", Zaratustra aparece, pela primeira vez, sentindo-se pobre, invejoso, com fome de maldade, com desejo de roubar e receber, vingativo, pérfido, sem ventura, sem pudor, cansado de sua virtude, injustiçado, hostilizado pelo que é luminoso. E daí se lamentar nesses termos: "Oh desventura de todos os dadivosos! Oh obscurecimento do meu sol! Oh desejo de desejar! Oh fome insaciável na saciedade!" Por quê? Porque, sendo solitário, sente um insaciável anseio de amor; sendo luz, tem sede do que é noturno; sendo dádiva, não conhece a felicidade dos que recebem.

Se esse momento é tão decisivo na trajetória de Zaratustra é porque o apresenta, pela primeira vez, em um estado bastante semelhante ao analisado por Nietzsche em *O nascimento da tragédia*, quando a cultura apolínea se viu mortalmente ameaçada por aquilo de que procurava se proteger: a pulsão dionisíaca que se manifestava no culto das bacantes.

O culto dionisíaco das bacantes — cortejos orgiásticos de mulheres que, em transe coletivo, dançando, cantando e tocando tamborins em honra de Dioniso, à noite, nas montanhas, invadiram a Grécia vindos da Ásia — é a negação dos valores principais da cultura apolínea. Em vez de um processo de individuação, é uma experiência de reconciliação do homem com os outros homens e com a natureza, uma harmonia universal e um sentimento místico de unidade: "Sob a magia do dionisíaco torna a selar-se não apenas o laço de pessoa a pessoa, mas também a natureza alheada, inamistosa ou subjugada volta a celebrar a festa da reconciliação com seu filho perdido, o homem".[8] Neste mesmo sentido, um fragmento póstumo da época opõe a noção épica de *agon* à de "regime trágico", que faz frente ao egoísmo da individualidade e dele se protege, colocando-o a serviço da totalidade.[9] A experiência dionisíaca é a possibilidade de escapar da divisão, da multiplicidade individual e se fundir ao uno, ao ser; é a possibilidade de integração da parte na totalidade.

A reconciliação com a natureza aparece com toda a pujança no texto que, a meu ver, mais inspirou Nietzsche nessa caracterização do culto dionisíaco: *As bacantes* de Eurípides. Pois é importante não esquecer que, embora Nietzsche critique a tendência socrática de Eurípides e lhe impute a morte da tragédia, ele considera *As bacantes*, obra escrita um ano antes da morte de seu autor, um arrependimento. Ouçamos esse Eurípides tardiamente dionisíaco cantando a união das bacantes com a natureza: "O chão regurgita de leite, de vinho, do néctar das abelhas".[10] Umas bacantes usavam "em vez de cinto, víboras ágeis que lhes lambiam o rosto; outras punham no colo filhotes de corças e até de lobos, dando-lhes os seios túrgidos do leite que lhes veio com a maternidade — mães descuidosas dos filhos recém-nascidos. Todas elas ornavam cuidadosamente a fronte com coroas de folhas de hera ou com belas flores silvestres; uma delas bateu com o tirso numa rocha e fez jorrar da mesma, num instante, um jato de água límpida; outra, ferindo o chão com a sua varinha viu esguichar da terra por obra do deus uma fonte de vinho. As que sentiam falta do alvo leite, esfregavam no solo os dedos e o recolhiam de repente em

8. NT, §1
9. Cf. *Fragmentos póstumos*, inverno de 1870-outubro de 1872, 8[68].
10. Eurípides, *As bacantes*, 143-144.

abundância. Do tirso recoberto de folhas de hera pingava o mel mais doce".[11] No júbilo místico, portanto, as fronteiras da individuação desaparecem. "Todas as fronteiras de castas que a necessidade ou o capricho estabeleceram entre os homens desaparecem: o escravo e o homem livre, o nobre e o plebeu se unem nos mesmos coros báquicos", diz Nietzsche.[12] E, de modo geral, pode-se dizer no mesmo espírito que desaparecem ou se atenuam ao máximo as diferenças entre masculino-feminino, grego-bárbaro, nobre-escravo, velho-jovem, louco-sábio.

Além disso, o culto dionisíaco significa o abandono dos preceitos apolíneos da medida e da consciência de si. Em vez de medida, o que se manifesta na celebração das bacantes é a *hybris*, com a música extática, mágica, enfeitiçadora apresentando a desmesura da natureza, exultante na alegria, no sofrimento e no conhecimento.[13] Na peça de Eurípides é Penteu, o rei de Tebas, o principal representante da repressão ao instinto, à força dionisíaca, quem denuncia que as mulheres de Tebas abandonaram seus lares pelas bacanais, permanecendo nas florestas sombrias, dançando em honra de uma nova divindade, um impostor, um encantador vindo da Lídia que lhes está iniciando nos mistérios báquicos.[14] O culto dionisíaco, em vez de delimitação, calma, tranqüilidade, serenidade apolíneas, impõe um comportamento marcado por um êxtase, por um enfeitiçamento, por um frenesi sexual que destrói a família, por uma bestialidade natural constituída de volúpia e crueldade, de força grotesca e cruel.

Do mesmo modo, em vez da consciência de si apolínea, o culto dionisíaco produz uma desintegração do eu, uma abolição da subjetividade até o total esquecimento

11. Eurípides, *As bacantes*, 916-33.
12. NT, §16.
13. NT, §6.
14. Cf. Eurípides, *As bacantes*, 217-238.

de si: um desprendimento de si próprio,[15] a dissolução do eu no mundo, "um abandono ao êxtase divino, à loucura mística do deus da possessão".[16] No prólogo das *Bacantes*, Dioniso esclarece que, pelo fato de suas tias, as irmãs de sua mãe Sémele, terem-no insultado declarando que ele não era filho de Zeus, negando, portanto, sua condição divina, ele compeliu as mulheres de Tebas a deixar seus lares e a morar nos altos montes, usando apenas a roupagem orgiástica. E logo a seguir o coro das bacantes, em sua primeira intervenção, enaltece a sacra orgia: "Feliz daquele que se inicia nos mistérios divinos, lhes consagra sua vida e santifica sua alma purificada nas bacanais da montanha".[17]

Mas a melhor ilustração da perda de consciência característica do êxtase, do enfeitiçamento dionisíaco é o comportamento de Agave — filha de Cadmo, fundador de Tebas, e irmã de Sémele, mãe de Dioniso —, quando seu filho Penteu vai observar, escondido, as bacantes, até que o deus as faz descobrir e enfurecer-se contra ele. Penteu, acariciando o rosto da mãe, pede-lhe que dele se apiede e não o sacrifique. Agave, "pondo muita espuma pela boca e revirando os olhos desvairadamente, como se Baco a possuísse",[18] não o ouve, esquarteja-o,

---

15. NT, §1 e §2.
16. Jean-Pierre Vernant e Pierre Vidal-Naquet, *Mito e tragédia na Grécia antiga*, II, tr. br., p.248.
17. Eurípides, *As bacantes*, 78-88. É interessante observar que Nietzsche não faz a diferença, como, por exemplo, Vernant o faz, entre duas formas de *mania*, de loucura que Dioniso imporia quer se tratasse de seus adeptos ou de inimigos seus, especialmente entre as tebanas incrédulas, enfurecidas, em transe, e as lídias convertidas, acompanhantes do deus, para as quais tudo é pureza, paz, alegria, felicidade sobrenatural, santa beatitude; em resumo, uma ruptura entre a possessão-felicidade dos fiéis e a possessão-loucura-castigo dos ímpios (Cf. *Mito e tragédia*..., II, p.271-7). É, no entanto, no mínimo curioso que esse texto de Vernant, ao mesmo tempo que se refere a dois tipos de *mania*, diga também que as acompanhantes lídias nunca são tomadas pela *mania*.
18. Eurípides, *As bacantes*, 1120-1123.

junto com suas duas irmãs, lança os restos de seu corpo em todas as direções, toma a cabeça — que ela imagina ser a cabeça de um leão — e a leva em procissão para Tebas, mostrando-a pelo caminho. Em Tebas, ela a entrega a seu pai, Cadmo, que se lamenta com essas palavras bem elucidativas da antinomia entre a consciência apolínea e o delírio dionisíaco: "Quando recuperardes vossa lucidez sofrereis atrozmente vendo o vosso feito! E se deveis permanecer até o fim nesse estado, se a felicidade vos abandonou, ao menos ignorais vossa desventura!".[19]

Até agora o que se verifica a respeito do apolíneo e do dionisíaco na análise nietzschiana da Grécia é o antagonismo, a luta, a discórdia, a contraposição, a oposição entre os dois instintos, entre as duas forças da natureza. Desde as primeiras linhas de *O nascimento da tragédia*, Nietzsche se refere à duplicidade, à dualidade do apolíneo e do dionisíaco, insurgindo-se contra a idéia de que seja possível explicar o nascimento da arte apenas baseando-se no apolíneo. Para ele, o problema que os gregos tiveram de equacionar era constituído de dois termos opostos: por um lado, a criação de um mundo homérico, apolíneo, como repressão dos sombrios impulsos dionisíacos; por outro lado, a "torrente invasora do dionisíaco",[20] que desmontava, dissolvia, abolia, engolia as fronteiras apolíneas, que então se revelavam artificiais, fictícias.

A meu ver, a inflexão de trajetória que "O canto noturno" e os outros dois ditirambos da segunda parte de *Assim falou Zaratustra* assinalam vai, em geral, no mesmo sentido do que é exposto em *O nascimento da tragédia* com relação aos gregos: Zaratustra, personagem solar, luminoso, resplandecente, que portanto aparece até agora como

---

19. Ibid., *As bacantes*, 1644-9.
20. NT, §4.

um herói apolíneo, lamentando ter de ser luz, expressa nesse ditirambo seu desejo de Dioniso, sua atração pelo aspecto noturno, sombrio, tenebroso da existência. "Dioniso, como se sabe, é o deus das trevas", dirá posteriormente *Ecce homo*, na mesma linha da *Antígona* de Sófocles, que o saudava no 5º estásimo, sua última ode coral, como o que "preside os apelos feitos na noite".

No "Canto noturno", Zaratustra começa a sentir o desejo de superar as oposições de valores que, no livro seguinte a *Assim falou Zaratustra*, Nietzsche denunciará como "a crença fundamental dos metafísicos".[21] Esse primeiro ditirambo dionisíaco do *Zaratustra* mostra o personagem central sofrendo com as oposições que ele mesmo havia estabelecido entre os dois caminhos, divergentes, do super-homem e do último homem. Apresentando o anseio ou a sede que sente a luz pelo que é noturno, fazendo eclodir o obscuro objeto de seu desejo, ele evidencia o limite ou a inadequação da sabedoria de Zaratustra até então, através de uma das mais profundas crises de seu percurso. Assim sofre um deus. Este é, para *Ecce homo*, o momento em que ele levanta uma questão que terá como resposta sua redenção:[22] a afirmação do eterno retorno, ápice de sua sabedoria trágica. Se *Assim falou Zaratustra* é o caminho trágico pelo qual Zaratustra se torna o que é, "O canto noturno" manifesta o sofrimento do herói por também não ser o que ainda não é: dionisíaco.

O canto seguinte, "O canto de dança", entoado enquanto Cupido, ou Eros, dança com um grupo de jovens, dá continuidade ao afrontamento de Zaratustra com a sabedoria dionisíaca.[23] Seu preâmbulo aprofunda o aspecto noturno do canto anterior não apenas ao situá-lo

---

21. BM, §2. Cf. HDH, I, §1.
22. EH, "Assim falou Zaratustra", §8.
23. Não deixa de ser desconcertante o aparecimento de um deus grego numa história que dá ao personagem principal o nome de um persa. O 3º estásimo da *Antígona* de Sófocles é uma ode a Eros.

"à noitinha", mas sobretudo ao fazer Zaratustra dizer às jovens, que haviam interrompido a dança quando ele chegara, que é "uma noite de árvores escuras", mas quem não teme sua escuridão encontra "o pequeno deus que é o preferido dos jovens".[24] Este segundo ditirambo é um canto de mofa ou zombaria ao "espírito de gravidade", o diabo de Zaratustra, que aparecera no "Prólogo" como o palhaço que derrubou o funâmbulo e expulsou Zaratustra da cidade, ameaçando matá-lo, e que reaparecerá em seu caminho, em um momento ainda mais decisivo, sob a forma de um anão.

Qual é o conteúdo desse canto, em que Zaratustra aparece falando com a vida e com sua própria sabedoria? O diálogo com a vida é sobre ela mesma. Zaratustra lhe diz que, olhando-a recentemente — não seria no "Canto noturno"? —, ela lhe pareceu imperscrutável; a vida responde-lhe que é apenas mutável, selvagem, mulher,[25] e mulher não virtuosa, embora os homens a presenteiem com suas próprias virtudes; Zaratustra então confessa a seus ouvintes que não acredita na vida, enganadora, quando fala mal de si própria. A intervenção da sabedoria é sobre a relação de Zaratustra com a vida. Sua sabedoria lhe diz, zangada, que, apenas porque ele quer, deseja e ama, ele louva a vida, o que o faz declarar aos ouvintes que, no fundo, ama somente a vida, e a ama ainda mais quando a detesta, mas considera sua sabedoria muito parecida com a vida. Quando a vida volta a lhe falar, perguntando o que é sua sabedoria, Zaratustra responde-lhe que ela é mutável, voluntariosa, mulher. Mas a vida, rindo maldosamente, diz que ele está falando é dela mesma, e renova a questão sobre sua sabedoria. Zaratus-

---

24. Eros e Dioniso, segundo Jean-Pierre Vernant, são deuses noturnos, próximos das mulheres, que exprimem as potências da vida e da renovação. Cf. "Oedipe sans complexe" in Jean-Pierre Vernant e Pierre Vidal-Naquet, *Mythe et tragédie en Grèce ancienne*, I, p. 90.

25. GC, §339, "*Vita femina*", também diz que "a vida é mulher".

tra, então, sente-se, como no início de seu diálogo com a vida, caindo no imperscrutável. É o final do canto. As jovens vão embora. Zaratustra sente-se triste e pede perdão a seus discípulos por estar triste e por haver anoitecido dentro dele.

Por que Zaratustra se mostra triste? Pela incompatibilidade ou pelo descompasso entre seu amor da vida e de sua sabedoria; pelo desacordo entre vida e sabedoria. "O canto de dança" é uma clara indicação de que o Zaratustra heróico é incapaz, com sua visão humana, demasiado humana, de saber, nesse momento, o segredo da vida. No início do canto, ele considera a vida impenetrável; quando esta lhe confessa ser mutável e não virtuosa, isto é, para além de bem e de mal, ele a considera enganadora e não acredita nela; no final, ele novamente afunda no imperscrutável, não mais sabendo o que é sua sabedoria.

Bem diferente é a relação de Zaratustra com a vida e sua sabedoria em "O outro canto de dança", penúltimo capítulo da terceira parte do livro. Então, depois de ouvir o canto de Zaratustra e antes de se confessar ciumenta da sabedoria, a vida lhe diz: "Somos realmente imprestáveis para o bem e para o mal. Foi para além de bem e de mal que encontramos nossa ilha e nosso verde prado — nós dois, sozinhos!" O primeiro "canto de dança e de mofa ao espírito de gravidade" não é, como o segundo, em que Zaratustra dança com a vida, seguindo todos os seus passos, a vitória sobre o espírito de gravidade, o demônio do niilismo, mas é um dos primeiros passos nesse sentido. Se ainda não é a resposta, é a formulação da questão, do enigma a respeito da sabedoria trágica, que por longo tempo ainda ficará sem resposta. Daí a tristeza do personagem, que se pergunta se ainda vive e lamenta que tenha anoitecido.

A idéia de uma insuficiência da sabedoria apolínea, patente nesse canto, acompanha Nietzsche desde o início de sua obra. Mesmo em *O nascimento da tragédia*, que contém um evidente elogio da epopéia como modo artístico de dar sentido à vida pela expressão de uma superabundância de forças própria do indivíduo heróico, as análises nietzschianas sobre a epopéia só existem para esclarecer um saber bem mais importante e profundo: o saber trágico. De fato, se Nietzsche nunca se denominou um filósofo apolíneo é porque sempre esteve atento aos limites de uma visão apolínea do mundo. Pode-se apresentar dois motivos para isso.

O primeiro motivo parece-me consistir na impossibilidade de o apolíneo se apresentar como uma alternativa à racionalidade. Embora o tema não seja muito explicitado por Nietzsche, ainda assim é possível encontrar no período inicial de sua obra algumas passagens que constatam a apropriação de Apolo pelo saber racional filosófico-científico. É assim que um fragmento póstumo de 1869-70, o de número 3[36], aproxima Platão de Apolo, dizendo que em Platão o mundo é percebido do ponto de vista de Apolo, ou do ponto de vista do olho, no sentido em que sua filosofia é uma "glorificação suprema das coisas como imagens originárias". O fragmento 7[102], do final de 1870-abril de 1871, ao mesmo tempo que afirma, na linha de *O nascimento da tragédia*, pois se trata de uma de suas teses centrais, que Sócrates recusa os mistérios dionisíacos, também enuncia uma tese muito menos explicitada no livro: a de que Sócrates se apega a Apolo. O fragmento 8[13] de 1870-71-outono de 1872 caracteriza Sócrates como "mestre apolíneo", indicando que sua serenidade de artista se manifesta na maiêutica. "Sócrates e a tragédia", uma das conferências que estão na origem do livro, pronunciada em Basiléia em primeiro de fevereiro de 1870, diz que em Sócrates encarnou-se um aspecto do elemento grego, a clareza (*Klarheit*) apolínea. Idéia que reaparece no item 14 de *O nascimento da tragédia*, quando, ao se perguntar se entre o socratismo e a arte há necessariamente uma relação antagônica, lembra que na prisão Sócrates compôs um hino em homenagem a Apolo e versificou algumas fábulas de Esopo, referindo-se então à sua lucidez (*Einsicht*) apolínea. Mesmo item que, desta vez referindo-se a Platão, diz que a tendência apolínea mumificou-se, ou melhor, crisalidou-se em esquematismo lógico. Além disso, essa relação entre o apolíneo e a racionalidade se evidencia mais uma vez quando Nietzsche vê na nova comédia, de inspiração socrática, uma "serenidade do escravo", uma "serenidade alexandrina",[26] retomando essa idéia na "Tentativa de autocrítica", ao estabelecer algumas vezes continuidade entre serenidade e ciência, ao falar de "serenidade do homem teórico" ou dizer que os gregos nos tempos de sua dissolução e fraqueza se tornaram mais otimistas, mais ansiosos por lógica e logicização, mais serenos e mais científicos.[27] Todas essas indicações evidenciam, portanto, que, se Nietzsche não se denomina um filósofo apolíneo, é porque vê nisso uma limitação ou uma insuficiência: abandonado a si mesmo, o saber apolíneo transmuta-se em saber racional.

O segundo motivo é que o apolíneo não é uma afirmação integral da vida. Como uma proteção contra o terrível da dor, do sofrimento, da morte, que funciona como mascaramento, encobrimento, o saber apolíneo evidencia-se parcial, ao deixar de lado algo que não pode ser ignorado e fatalmente se impõe: a outra força artística que brota da natureza, o dionisíaco. "Só consigo pois explicar o Estado *dórico* e a arte dórica como um contínuo acampamento de guerra da força apolínea: só em uma incessante resistência contra o caráter titânico-barbaresco do dionisíaco podia perdurar uma arte tão desafiadoramente austera, circundada de baluartes, uma educação tão belicosa e áspera, um Estado de natureza tão cruel e

26. NT, §11 e §17, respectivamente.
27. "Tentativa de autocrítica", §1 e §4, respectivamente.

brutal".[28] Deste modo, ao analisar a epopéia, Nietzsche o faz por oposição ao saber dionisíaco, a "sabedoria popular" que grita "Infelicidade, infelicidade" na cara da serenidade apolínea, ou que, na boca de Sileno, o companheiro de Dioniso, revela, rindo, que o bem supremo — impossível ao homem — é não ter nascido, e o segundo dos bens — ainda acessível — é morrer o quanto antes. A Grécia ensinou a Nietzsche — e esse ensinamento lhe foi útil na composição de seu *Zaratustra,* sobretudo no momento desses ditirambos — que uma cultura apolínea como a da epopéia, ao pretender negar o lado sombrio, tenebroso da vida pela criação da ilusão do indivíduo heróico é ineficaz, impotente como resistência a um saber aniquilador da vida, tal como se manifesta no culto a Dioniso: "... em toda a parte em que o dionisíaco penetrou, o apolíneo foi suspenso e aniquilado".[29]

"O canto do túmulo", terceiro e último desta série de ditirambos dionisíacos, intitulado, em um fragmento póstumo, "A festa dos mortos", tem por tema a relação entre vida e morte, ou, mais precisamente, entre a vida presente e o morto passado. É a canção em que Zaratustra viaja à "silenciosa ilha dos túmulos" para dar vida a seus mortos: "visões", "aparições", "consolos", "maravilhas" de sua juventude, seu "melhor mel", o que lhe era mais querido e vulnerável e foi destruído por seus inimigos.

---

28. NT, §4.

29. Cf., sobre o assunto, NT, §3 e §4. É bem possível que Nietzche tenha aprendido com Jacob Burkhardt, seu colega em Basiléia, a caracterização de Dioniso como um deus semi-grego. Eis o que escreve Burkhardt em sua *História da cultura grega*: "Por trás da máscara do deus da fertilidade se oculta um ser meio estrangeiro. Uma das personificações do deus em paixão (que acreditamos ser um deus camita) adquiriu no extremo oriental da Ásia menor, entre os frígios como também entre os trácios, um ritmo selvagem e embriagador e em repetidas invasões consegue reimplantar na Grécia o culto de Dioniso" (tr. espanhola, Barcelona, Obras Mestras, 1953, tomo II, p.112-3). Mas é importante salientar que já Hölderlin chama Dioniso de um "deus estrangeiro" (Habermas, *O discurso filosófico da modernidade*, tr. port., p.96), considerando-o deus dos "elementos asiáticos" (George Steiner, *Antígonas*, p.81).

Grande parte do "Canto do túmulo" consiste em explicitar de que modo muitos valores foram suprimidos da vida de Zaratustra. Sua crença de que os seres devem ser divinos e os dias sagrados é substituída pelos imundos fantasmas e pelas noites de angústia; seus felizes presságios, pela repelente coruja; seu juramento de abandonar a náusea, pelas pústulas de sua vizinhança e de seus próximos; seus caminhos felizes, pela imundície jogada no meio do caminho; suas auto-superações, pelas acusações de magoar os outros; sua caridade e sua compaixão, por insolentes mendigos e incorrigíveis despudorados; suas oferendas mais sagradas, por oferendas que as abafavam; sua vontade de dançar, pelo toque de uma nênia, de um canto fúnebre.

Ora, mesmo com todas essas mortes, Zaratustra sente-se vivo. Por quê? Porque, embora ferido no que ele tinha de mais querido e vulnerável, algo nele é invulnerável, inabalável e continua vivendo, silencioso e inalterado, destruindo os próprios túmulos e ressuscitando, de dentro desses túmulos, sua alma: sua vontade. É o momento em que, ao se afirmar vulnerável em tudo menos no calcanhar, Zaratustra se vê como uma espécie de anti-Aquiles, sentindo brotar nele um novo tipo de saber que vai além do apolíneo. E não será isso que o fará dizer, logo depois, em "Dos seres sublimes": "É este, com efeito, o segredo da alma: somente depois que o herói a deixou, dela se acerca, em sonho — o super-herói (*Über-Held*)!"? A grande descoberta de Zaratustra no final do "Canto do túmulo" — descoberta que não diz mais respeito aos outros, à humanidade ou aos discípulos, mas à experiência de si próprio — é que o passado é o grande desafio para que haja uma verdadeira redenção e que só pela vontade é possível recuperar o que nele morreu. Esse desafio só será enfrentado na terceira parte do livro, mas agora, pela primeira vez, Zaratustra enuncia que a vontade é o princípio que torna possível vencer esse desafio, ou que permite responder às questões que ele levanta nesse momento de crise. Aprendendo que "só há ressurreição onde há túmulos", e que a vontade é "a destruidora de todos os túmulos", Zaratustra formula de um modo novo sua visão da redenção, pondo-se, como nunca até então, no caminho de sua sabedoria trágica.

A vontade de potência da vida

A conclusão do "Canto do túmulo" introduz, temática e dramaticamente, o capítulo seguinte, "Da superação de si", o mais explícito do livro sobre a vontade de potência. "Da superação de si" também tem o aspecto negativo, presente em grande parte das falas de Zaratustra. É a crítica aos "mais sábios dos sábios", a quem o discurso é dirigido. Em que consiste essa crítica? Em explicitar a vontade de potência que está por trás da vontade de verdade e da vontade moral características dos mais sábios. Como "Nas ilhas bem-aventuradas", que explicitava o desejo de verdade como o desejo de "que tudo se transforme no que pode ser humanamente pensado, humanamente visto, humanamente sentido", a vontade de potência niilista é agora caracterizada como vontade de tornar pensável todo o existente, tudo o que é (*alles seiende*); de submeter, dobrar, o mundo à vontade de potência do homem; de adequar a vida ao pensamento humano, torná-la seu "espelho", seu "reflexo". Em última análise, a vontade de potência dos "mais sábios" é vontade de projetar sobre o mundo, sobre a vida, valores humanos estabelecidos em termos de bem e de mal. Com a expressão "os mais sábios dentre os sábios", Nietzsche está, deste modo, visando aos representantes do pensamento socrático-platônico, a metafísica da vontade de verdade, o projeto niilista de "uma velha vontade de potência". O aspecto negativo desse discurso é, portanto, a crítica dos pressupostos socráticos da vontade de verdade,[30] tema essencial da obra de Nietzsche quando analisa o niilismo negativo, como já vimos.

"Da superação de si" apresenta, em seguida, de modo positivo, a vontade de potência, dando um passo fundamental em relação a tudo o que Zaratustra havia dito sobre o assunto até o momento. A idéia mais importante do texto, sob esse aspecto, é a definição da vida como vontade de potência no sentido de auto-superação: tendência a subir, vitória sobre si mesma, domínio de si mesma, esforço sempre por mais potência. Ora, à primeira vista, isso pode não parecer novidade. Vimos efetivamente que a idéia de auto-superação já define a vontade de potência quando a expressão aparece pela primeira vez no *Zaratustra*, em "De mil e de um alvos", ao identificar a tábua do que é bom à tábua do que se superou. Uma diferença, no entanto, é que ela agora não mais caracteriza unicamente os povos ou os homens, mas a própria vida. Retomando um tema de "Das tarântulas", capítulo também da primeira parte, em que Zaratustra já dizia: "... a vida terá sempre de superar a si mesma", "Subir quer a vida e, subindo, superar a si mesma", a singularidade do capítulo que estou analisando não se deve, propriamente, à idéia de auto-superação, que aparece já na primeira parte ligada ao homem e mesmo à vida: ela está na relação entre vida, auto-superação e vontade de potência, ou, mais precisamente, na apresentação da vontade de potência como princípio pelo qual a vida se projeta para além de si mesma, pelo qual ela se auto-supera, o que permite compreender por que a vida pôde se apresentar como mutável em "Do canto de dança".

"Da superação de si" marca bem a diferença temática entre a primeira e a segunda parte de *Assim falou Zaratustra*, efetuando a passagem do projeto do super-

---

30. A relação entre conhecimento, moral e vontade de potência é um dos temas principais de meu livro *Nietzsche e a verdade*.

homem ao princípio da vontade de potência. Aqui, a temática da superação do homem concebido como vontade de nada, que é o grande *Leitmotiv* da primeira parte, cede lugar à temática da vida como vontade de potência.

Mas como sabe Zaratustra o que é a vida? Como pode conhecer o princípio da vida se ele se apresenta como crítico radical da vontade de verdade dos filósofos metafísicos e compreender perfeitamente que afrontar a vontade de verdade a partir da própria vontade de verdade não permite escapar do niilismo? Para assinalar a diferença absoluta entre o saber de Zaratustra e o dos mais sábios dos sábios, Nietzsche utiliza um procedimento eloqüente quanto à relação intrínseca dos aspectos temático e dramático de *Assim falou Zaratustra*: faz Zaratustra dizer que a própria vida lhe deu esse presente, que a própria vida lhe contou esse segredo. "E este segredo a própria vida me confiou: 'Vê', disse, 'eu sou aquilo que sempre deve superar a si mesmo'... 'Onde há vida também há vontade: mas não vontade de vida, senão — é o que te ensino — vontade de potência!'"

Em "O canto de dança", Zaratustra estava triste por sentir a vida impenetrável. Agora, ele sabe que a vida é vontade de potência; e foi ela quem lhe revelou seu grande segredo. No início de seu aprendizado, Zaratustra desce da solidão de sua montanha para dar um presente aos homens. Agora, de doador, Zaratustra se torna receptor: a vida lhe dá um presente, ou, deixando de ser impenetrável, se lhe oferece como presente. Lembremos que a vida é mulher, e não propriamente uma mulher virtuosa.

Mas isso não é tudo. Se, depois de penetrar no âmago da vida, Zaratustra expõe aos mais sábios o segredo que a vida lhe transmitiu, é para esclarecer o problema moral. Disso, inclusive, é sintomático que um fragmento póstumo intitule esse capítulo "Do bem e do mal". Na terceira e última etapa de seu discurso, Zaratustra volta ao "enigma" da vontade de bem e de mal para decifrá-lo por meio da vida considerada como critério de avaliação. Critério que, portanto, não pode ser avaliado: as apreciações de valor em termos de bem e de mal são expressões da vontade de potência e só podem ser esclarecidas a partir dela. No momento em que passa do tema da vontade de potência, considerada como algo que diz respeito essencialmente ao homem, ao tema da vida como vontade de potência, Zaratustra começa a se diferenciar da concepção antropológica do homem como sentido e medida de todas as coisas, que vislumbramos no humanismo de "De mil e de um alvos". Está longe do prazer socrático do conhecimento e da ilusão de que é possível curar, pelo conhecimento, a eterna ferida da existência, para usar termos de *O nascimento da tragédia.*[31] Mas também já parece longe da problemática moderna do homem pensado como o que domina, como o que submete a terra. O que aparece agora como uma evidência para Zaratustra é que trazer o homem de volta à vida, e superar o niilismo, é estabelecer uma aliança, uma consonância entre o homem e a vida, só possível quando o homem abandonar a perspectiva antropológica, situando-se para além de bem e de mal. Zaratustra atinge, assim, nesse momento, a posição do Nietzsche da maturidade, segundo a qual o único critério de avaliação é a própria vida, segundo a qual "a própria vida nos coage a instituir valores; a própria vida avalia através de nós, quando instituímos valores", como diz o *Crepúsculo dos ídolos.*[32]

Deste modo, Zaratustra nega, mais uma vez, a existência de valores imperecíveis: "um bem e um mal que fossem imperecíveis — isso não existe!"; reafirma que os valores são exercício da vontade de potência; finalmente, pretendendo ultrapassar a oposição dos valores, superar a dominação do bem, do "homem bom" da moral, esta-

31. NT, §18.
32. CI, "A moral como contra-natureza", §5; cf. "Os quatro grandes erros", §8.

belece a perspectiva do criador como sendo para além de bem e de mal: "E aquele que deva ser um criador no bem e no mal: em verdade, primeiro deverá ser um destruidor e destroçar valores. Assim, o mais alto mal faz parte do mais alto bem: mas este é o criador". Aos mais sábios e seu ideal moral de verdade, sua vontade de corrigir a vida terrena, Zaratustra apresenta a vida não-virtuosa, enganadora; a vida como ela é: para além de bem e de mal.

O desafio do passado

Mas, para situar-se além de bem e de mal, ponto de vista da vida entendida como vontade de potência, para poder aceitar o presente da vida, a vontade humana tem no tempo seu mais importante desafio. Daí por que "Da redenção", ao colocar de um novo modo a relação entre vontade e tempo — a ponto de o pensamento do eterno retorno aparecer pela primeira vez no livro como exigência para a plena afirmação da vontade —, é o momento culminante do itinerário de Zaratustra nesta segunda parte.

Vimos, em "Nas ilhas bem-aventuradas", Zaratustra explicitar a antinomia entre eternidade e tempo, afirmando que, se Deus existe, a vontade criadora é impossível, pois só pode haver criação se os valores são temporais; só pode haver criação no tempo. Mas vimos também que, nesse e em outros capítulos, ao privilegiar o tempo em detrimento da eternidade, Zaratustra sempre fazia esse privilégio recair sobre o futuro, no sentido em que, mesmo se o presente e o passado são niilistas, a vontade pode querer o futuro, pode criar o futuro. Assim, ainda em "Do país da cultura", sobre os homens do presente, ele pode ser ouvido dizendo: "Amo somente *a terra dos meus filhos*, a terra por descobrir, nos mares distantes; para ir à sua procura icei minha vela. Quero compensar nos meus filhos o ser eu filho de meus pais, e, em todo o futuro — *este* presente".

Ao abordar o tempo, falando a seus discípulos, em "Da redenção", Zaratustra ainda conserva essa idéia: "O presente e o passado na terra — ah, meus amigos! é isso, para mim, o mais insuportável; e não saberia viver, se não fosse, também, um vidente daquilo que deve vir". Os homens do presente e do passado estão feitos em pedaços. Não são propriamente homens, são "fragmentos e membros avulsos de seres humanos".[33] Ao definir-se como vidente do que deve vir, Zaratustra está, mais uma vez, apostando no futuro como condição do sentido do passado e do presente; está, mais uma vez, em sua valorização do tempo, privilegiando o futuro como possibilidade de abolição de uma vida niilista que, ao criar a ficção da eternidade, evidencia uma vontade de vingança, uma vingança contra o tempo, contra a vida temporal; está, mais uma vez, criticando a redenção cristã, entre outras "loucas formas de redenção", pensada como "redenção do fluxo das coisas e do castigo da 'existência'".

Mas isso não é tudo, nem mesmo o mais fundamental. O objetivo principal desse capítulo é investigar o sentido mais profundo dessa vingança contra o tempo para estabelecer a condição da redenção capaz de abolir o espírito de vingança do homem. E esse aprofundamento

---

33. Essa idéia não é nova. Na "Introdução aos estudos de filologia clássica", curso do verão de 1871, Nietzsche contrapunha a unidade entre arte, religião e Estado existente na época da tragédia grega e o despedaçamento do homem moderno. Em "O Estado grego", escrito póstumo de 1872, Nietzsche também considerava o homem moderno um composto disparatado feito de partes e pedaços (Cf. *Sämtliche Werke*, I, p.765; tr. fr., p.177). Além disso, antes de Zaratustra, o Hipérion de Hölderlin já dizia que a sociedade moderna se assemelha a "um campo de batalha onde os membros jazem esparsos enquanto o sangue e a vida escorrem na areia estéril" (Cf. Charles Andler, *Nietzsche, sa vie et sa pensée*, I, p.52). Depois do *Zaratustra*, Nietzsche ainda volta à mesma idéia: cf. *Fragmentos póstumos*, outono de 1887, 10[111].

das noções de vingança e redenção vai fazer Zaratustra pensar o tempo de um modo tão novo e diferente que o levará ao ocaso por um caminho inusitado.

"Da redenção" constata: "*Espírito de vingança* — esta foi até agora, meus amigos, a melhor reflexão dos homens, e onde havia sofrimento deveria sempre haver um castigo". Mas o que é fundamentalmente a vingança? "Da redenção" define: "a aversão da vontade pelo tempo e seu 'foi assim'". Partirei de dois comentários de Heidegger para elucidar essa importante definição.

Na conferência de 1953, "Quem é o Zaratustra de Nietzsche?", Heidegger considera que a conjunção "e", que liga "o tempo" e "seu 'foi assim'", tem o sentido de "isto é"; o que dá à definição nietzschiana da vingança o enunciado: "a aversão da vontade pelo tempo, isto é, pelo seu 'foi assim'". A partir daí, Heidegger interpreta o "foi assim" como o passageiro, o passar do tempo, o tempo como passar.[34]

Essa interpretação do "foi assim" como passar é, sem dúvida, correta. Mas Heidegger parece dar conta de maneira mais precisa e pertinente da singularidade dessa passagem na estrutura de *Assim falou Zaratustra* quando, no curso de 1951-52 intitulado "O que se chama pensar?", em vez de se deter no passar do tempo, salienta a importância do tempo passado, na definição que estou analisando. O que faz da vingança a aversão, o ressentimento da vontade contra o passar e seu passado. Heidegger explicita essa idéia do seguinte modo: "O ressentimento não é contra o puro e simples passar, mas contra o passar na medida em que ele só deixa o passado existir como passado, deixa-o petrificar-se na rigidez do definitivo. O ressentimento da vingança é contra o tempo na medida em que este reduz tudo ao 'foi assim', deixando o 'ir' ir-se embora. O ressentimento da vingança

---

34. Cf. Martin Heidegger, *Essais et conférences*, p.133-5.

não é contra o puro e simples 'ir' do tempo, mas contra o fato de que ele deixa o 'ir' ir-se embora no passado — contra o 'foi assim'".[35]

A importância dessa definição da vingança, para esclarecer a questão do tempo, está em tematizar, pela primeira vez no *Zaratustra*, a relação entre vontade e tempo na perspectiva do passado, considerando a inexorabilidade do passar do tempo, ou mais propriamente do tempo passado, como o grande desafio à afirmação da vontade de potência. A vontade é o princípio que torna possível a libertação do niilismo. Mas a irredutibilidade do tempo, a inflexibilidade do tempo, não é o limite ou mesmo a prisão da vontade humana, o atestado da impotência da vontade de potência? A mais solitária angústia da vontade não é que ela não possa querer para trás? É o que ensina Zaratustra a seus discípulos nesse capítulo:

"Vontade — é este o nome do libertador e portador de alegria: assim vos ensinei, meus amigos! Mas, agora, aprendei também isto: a própria vontade ainda se encontra em cativeiro. O querer liberta: mas como se chama aquilo que mantém em cadeias também o libertador? 'Foi assim': eis o nome do ranger de dentes e da mais solitária angústia da vontade. Impotente contra o que está feito — ela é um mau espectador de todo o passado. Não pode a vontade querer para trás; não poder partir o tempo e o desejo do tempo — eis a mais solitária angústia da vontade."

O resultado é que, justamente pela vingança contra o tempo, a vontade tem pretendido libertar-se da angústia que a aprisiona, criando valores niilistas que procuram dar sentido ao sofrimento pelas idéias de prêmio e castigo. Por não ser capaz de enfrentar corajosamente o desafio que o tempo coloca à vontade, a vontade de vingança, o espírito de vingança, denigre o passado.

---

35. Martin Heidegger, *Qu'appelle-t-on penser?*, tr. fr., p.78.

Portanto, é por ser o grande obstáculo à vontade que o passado é a causa, o motivo da vingança contra o tempo, que tem marcado as diversas formas de redenção: não só as que criaram a eternidade como um refúgio para a experiência do passar do tempo, mas, inclusive, as que investiram na esperança do futuro como forma de ultrapassar as imperfeições do passado e do presente.

A singularidade desse momento do aprendizado de Zaratustra é uma compreensão de que a redenção pelo futuro, até então seu projeto, é insuficiente. Antes, era a eternidade que tornava impossível a vontade criadora. Agora, é o passado que torna impotente a vontade de potência; e, para redimir a vida, a terra, o mundo, não basta viver na esperança do super-homem futuro, ser o anunciador do super-homem, ter "vontade de futuro". É preciso, antes de tudo, redimir o passado, a angustiante prisão da vontade. Agora, só afirmando o tempo passado é que se poderá afirmar o passar do tempo. Daí Zaratustra se intitular "redentor do acaso" e definir todos os seus pensamentos e desejos pelo objetivo de recompor, de dar unidade aos fragmentos e horrendos acasos que são os homens do presente e do passado.

Como será isso possível? Pela criação de uma nova visão do tempo que supere a oposição passado-futuro existente na idéia de irreversibilidade do tempo, responsável pelo cativeiro da vontade. Redimir o tempo significa deixar de pensar o passado como irreversível, imutável, irremediável. Eis o pensamento abissal pressentido, pela primeira vez, em "Da redenção": se a vingança provém de que o tempo não possa retroceder, de que a vontade humana não possa querer para trás, a vontade libertadora só poderá libertar-se da prisão do tempo, e portanto da vingança, pela afirmação do eterno retorno. Se o eterno retorno é um antídoto à vontade de vingança — dando nova dignidade ao tempo — é porque transfigura o passado, ao torná-lo resultado da atividade ou da afirmação da vontade de potência. O eterno retorno leva a vontade humana a suas últimas conseqüências como auto-superação, confere-lhe o máximo de potência ao libertá-la das idéias de prêmio e castigo, possibilitando a afirmação de tudo o que foi e que é.

Ecce homo redefine o sentido da tarefa de Zaratustra dizendo que "ele é afirmativo a ponto de justificar, de redimir até mesmo tudo que passou".[36] Em seguida, cita a definição de redenção dada no capítulo que estou analisando: "*Redimir os que passaram* e transformar todo 'foi assim' em 'assim o quis' — só a isso chamaria redenção". Idéia também explicitada em outra passagem desse mesmo capítulo do *Zaratustra*: "Todo 'foi assim' é um fragmento, um enigma e um horrendo acaso — até que a vontade criadora diga a seu respeito: 'Mas assim o quis!'. Até que a vontade criadora diga a seu respeito: 'Mas assim o quis! Assim hei de querê-lo!'".

Se "Da redenção" apresenta uma nova etapa do itinerário de Zaratustra, iniciando um processo que terá como ponto culminante a terceira parte do livro, é que nesse momento ele começa a ter clareza sobre o que é necessário para haver redenção ou sobre o "impossível" caminho dessa redenção. Nesse ponto de sua trajetória, Zaratustra começa a saber que a redenção do espírito de vingança exige o eterno retorno, que o único modo de se redimir da vingança é querer o eterno retorno de todas as coisas. Querer o passado, querer o "foi assim", reconciliar-se com o tempo até no sentido de "querer para trás" significa — embora isso ainda não seja dito explicitamente — afirmar o eterno retorno.[37]

---

36. EH, "Assim falou Zaratustra", §8.
37. Considerando que "reconciliação", nesse capítulo, significa a reconciliação hegeliana dos contrários, Deleuze interpreta a expressão de Zaratustra "alguma coisa mais elevada do que toda reconciliação" como sendo propriamente a afirmação nietzschiana. Cf. *Nietzsche et la philosophie,* p.18.

A nova partida

Nesse momento, porém, Zaratustra ainda não tem esse querer, essa força, essa vontade. O texto dá algumas indicações dessa limitação. Uma delas é que esse discurso aos discípulos termina com uma série de interrogações: "A vontade já se tornou o seu próprio redentor e portador de alegria? Desaprendeu o espírito de vingança e todo o ranger de dentes? E quem lhe ensinaria a reconciliação com o tempo e alguma coisa mais elevada do que toda reconciliação? Alguma coisa mais elevada do que toda reconciliação, deve querer a vontade que é vontade de potência; mas como chegar lá? Quem lhe ensinaria também o querer para trás?". Outra indicação é que todo esse discurso sobre a vingança e a redenção foi feito com profundo pesar, por um Zaratustra desencorajado e que, ao silenciar, depois dessas interrogações sem resposta, "parecia alguém extremamente amedrontado". Finalmente, quando logo depois ele torna a rir tranqüilizado, faz o elogio do silêncio: "É difícil viver com os homens, porque é tão difícil o silêncio".

O que faz falta a Zaratustra nesse momento, aquilo de que ele precisa para se fortalecer, é silêncio e solidão. E o final do capítulo indica de modo lapidar o sentido da trajetória de Zaratustra, quando o corcunda, o porta-voz do povo, lhe pergunta: "Mas por que Zaratustra fala conosco de maneira diferente do que com seus discípulos?" e "Mas por que Zaratustra fala com seus discípulos de maneira diferente do que consigo mesmo?". Tem, portanto, razão Eugen Fink ao explicitar o conteúdo desses discursos dizendo que Zaratustra fala para todos sobre o super-homem, para um pequeno número sobre a vontade de potência, mas apenas para si mesmo sobre o eterno retorno. E mais razão ainda, ao assinalar que, à diferença entre esses três tipos de discurso, corresponde a hierarquia dos três pensamentos fundamentais de *Assim falou Zaratustra*.[38]

É chegada a hora de Zaratustra novamente abandonar seus discípulos. Só que agora a situação é diferente. Quando Zaratustra se definia como anunciador do super-homem, sua esperança era de que os discípulos superassem o mestre no caminho do super-homem. Agora que ele se define como "redentor do acaso", sentindo-se, por ser homem, ao mesmo tempo uma ponte para o futuro e um aleijado nessa ponte, agora que ele aparece vivendo o processo de sua própria redenção, ele perde a esperança nos discípulos.[39]

Várias indicações dessa nova postura de Zaratustra já vêm sendo dadas nessa segunda parte do livro. Uma se encontra em "O canto do túmulo", quando Zaratustra diz a seus inimigos: "Assassinastes as visões e as mais queridas maravilhas de minha juventude! Tirastes-me os meus companheiros, os espíritos bem-aventurados". Outras, de impressionante semelhança, são dadas nos três capítulos que precedem "Da redenção", quando, por três vezes, Zaratustra meneia a cabeça negativamente para os discípulos, em sinal de discordância. Em "Dos poetas", quando um discípulo lhe diz: "Eu creio em Zaratustra" e este lhe responde: "A mim a fé não beatifica, principalmente a fé em mim"; no final de "De grandes acontecimentos", quando, depois de Zaratustra contar-lhes o encontro com o cão de fogo, o "demônio da escória e da revolta", "pouca atenção seus discípulos lhe prestaram, tamanho era o desejo de contar-lhe dos marinheiros, dos coelhos e do homem voador"; no final de "O adivinho", quando Zaratustra olha demoradamente o discípulo que interpre-

---

38. Cf. Eugen Fink, *Nietzsches Philosophie*, p.83; tr. fr., p.104.

39. Devo essa idéia, e várias outras desse estudo, ao excelente livro de Laurence Lampert, *Nietzsche's Teaching. An Interpretation of "Thus Spoke Zarathustra"*.

tara — mal, como se saberá depois — seu sonho com o "castelo montano da morte".

Tal descrédito dos discípulos tornar-se-á virulento na terceira parte, com Zaratustra afirmando em "Dos renegados": "Mas quem for da minha espécie deparará, abundantemente, com aventuras como as minhas; de tal sorte que seus primeiros companheiros deverão ser cadáveres e palhaços. Seus segundos companheiros, porém — esses se chamarão seus *fiéis*: um vivo enxame, muito amor, muita doidice, muita imberbe veneração. A esses fiéis, não deverá prender seu coração quem, entre os homens, for da minha espécie; nessas primaveras e prados multicores não deverá acreditar quem conhece a lábil e covarde espécie humana". Estamos muito distantes do Zaratustra que, descendo à praça pública, falava para todos como um pastor, como um político, e até mesmo do Zaratustra que falava para alguns, seus discípulos, como um professor.[40]

É mais que chegada a hora, portanto, de Zaratustra abandonar seus discípulos para trilhar seu "caminho mais árduo", aquele onde "está escrito: impossibilidade", segundo palavras de "O andarilho", primeiro capítulo da terceira parte.

Se Zaratustra já sabe o que é necessário para haver redenção, ele ainda não foi redimido da vingança, e ainda não tem, e é preciso que tenha, a coragem de querer o que já sabe.[41] Daí "A hora mais silenciosa", último capítulo

---

40. É interessante observar que em *Os anos de aprendizado de Wilhelm Meister*, Goethe faz o personagem-título dizer: "Trocarei meu nome, porque me sinto, ademais, embaraçado em me apresentar como Meister (mestre)" (tr. br., p.288). Em 30 de outubro de 1884, Nietzsche escreve a Overbeck: "Pois, para dizê-lo em duas palavras, preciso de discípulos *ainda enquanto vivo*; e, se meus livros precedentes não serviram de vara de pescar, então falharam em sua vocação."

41. Ao mesmo tempo que confessa, no fragmento 9[123], do outono de 1887, que até então tinha sido niilista, Nietzsche enuncia um pensamento semelhante ao apresentado nesse capítulo: "Só se tem tardiamente a coragem daquilo que se *sabe*." O fragmento 15[118], da primavera de 1888, volta à relação entre saber e coragem: "Até o mais corajoso dentre nós tem raramente a coragem de assumir o que no fundo ele *sabe*..."

da segunda parte, evidenciar, pelo diálogo de Zaratustra com sua solidão, que ele próprio ainda não está à altura do eterno retorno — falta-lhe a "voz do leão", ele precisa "tornar-se criança", ele ainda não está "maduro para os seus frutos" e, por isso, precisa "sazonar" —, exigindo-lhe que volte à solidão, característica essencial do herói trágico, com seus elementos apolíneo e dionisíaco.

Zaratustra, como tenho procurado salientar durante todo esse estudo, não é um personagem idêntico em todo o livro. Passa por várias metamorfoses, sofre um processo de aprendizado, vive a experiência de muitos caminhos. E o caminho mais árduo que, à meia-noite, ele começará a trilhar parece-me ser o caminho do super-homem considerado não mais como esperança futura e sim como mestre do eterno retorno, seu sentido fundamental, o sentido trágico.

TERCEIRA PARTE

O eterno retorno do instante

O caminho mais árduo

A terceira parte de *Assim falou Zaratustra* se compõe de duas grandes metades. A primeira apresenta a volta de Zaratustra das "ilhas bem-aventuradas" à solidão de sua caverna, ressaltando: sua caminhada solitária ao subir e descer o monte da ilha em direção à outra costa; sua viagem pelo mar; suas andanças por vários povos e cidades. A segunda metade expõe a chegada de Zaratustra à solidão de sua caverna; apresenta-o, em seguida, explicitando novos critérios de avaliação do homem e do mundo; finalmente, mostra-o às voltas com a afirmação do eterno retorno.

Enquanto as outras partes do livro iniciam com Zaratustra na solidão de sua caverna, o começo da terceira parte encontra-o, logo após ter deixado, pela última vez, os discípulos, iniciando sua viagem de volta à caverna no alto da montanha, onde se dará o término de sua formação, de seu processo de aprendizado. Ao apresentar Zaratustra, subindo e descendo o monte da ilha bem-aventurada em direção à outra costa, enquanto reflete sobre a relação entre cume e abismo, alto e baixo, o cimo da serrania e a maior profundidade do mar, "O andarilho" deixa claro que seu tema central é a antinomia dos valores e a exigência, trágica, de sua superação. Um aforismo de 1887 diz: "O homem é o *animal monstruoso* e o *super-animal* (*Untier und Übertier*); o homem superior é o homem monstruoso e super-homem (*Unmensch und Übermensch*): os dois juntos. Com o aumento da grandeza e da altura do homem também há um aumento de profundidade e terror: não se deve querer um sem o outro — ou melhor: quanto mais se quer radicalmente um, mais radicalmente se atinge o outro".[1] Também em "O andarilho", Zaratustra não pode mais escolher entre dois caminhos opostos, que antes ele dizia serem os caminhos da humanidade, e que começaram a se misturar desde os ditirambos dionisíacos da segunda parte. "Somente agora percorres o teu caminho de grandeza! Cume e abismo — resolveram-se numa única coisa", diz agora sua hora mais silenciosa, a hora dos acontecimentos realmente grandes, como em uma décima segunda e última badalada, em possível alusão ao fragmento 60 de Heráclito: "O caminho que sobe e o caminho que desce são o mesmo caminho".[2]

Além disso, todo o capítulo procura salientar a importância e a gravidade dessa etapa final da trajetória de Zaratustra — desse momento em que, enfrentando sua solidão mais solitária, ele se prepara para afirmar o eterno retorno de todas as coisas, ou para assumir uma sabedoria

---

1. *Fragmentos póstumos*, outono de 1887, 9[154]. Cf. O fragmento 10[111], da mesma época.

2. A alusão a Heráclito, no início da caminhada solitária de Zaratustra em direção à afirmação do eterno retorno, está bem em consonância com o parentesco que Nietzsche estabelece em *Ecce homo* ("O nascimento da tragédia", §3) entre ele e Heráclito como filósofos trágicos: "A afirmação do fluir e do *destruir*, o decisivo em uma filosofia dionisíaca, o dizer Sim à oposição e à guerra, o *devir*, com radical rejeição até mesmo da noção de 'Ser' — nisto devo reconhecer, em toda circunstância, o que me é mais aparentado entre o que até agora foi pensado. A doutrina do 'eterno retorno', ou seja, do ciclo absoluto e infinitamente repetido de todas as coisas — esta doutrina de Zaratustra *poderia* afinal ter sido ensinada por Heráclito."

trágica —, assinalando o perigo que representa e a coragem que exige trilhar o caminho mais solitário, em que seu último refúgio é seu último perigo. Enquanto o medo é um afeto deprimente e o homem a mais medrosa das criaturas, a coragem é, para Nietzsche, uma virtude, ao lado por exemplo da solidão, que tem como condição um excesso de força.[3] Ela é fundamental no processo de aprendizado de Zaratustra. Ao viver seu declínio, seu ocaso, com a predileção dos fortes pelo que exige coragem, Zaratustra compreende que o grande desafio é atingir uma postura sem medo ante o terrível e problemático que permita vencer o ideal e dizer sim à realidade. Como diz *Ecce homo*, a crença no ideal não é cegueira, é covardia: "Cada conquista, cada passo adiante no conhecimento é *conseqüência* da coragem, da dureza consigo, da limpeza consigo..." A doutrina do Zaratustra trágico é "o contrário da covardia do 'idealista' que bate em fuga diante da realidade. Zaratustra tem mais valentia no corpo do que todos os pensadores reunidos".[4]

Mas ele ainda está no início desse último caminho. Daí a ação, nesse capítulo, começar "por volta da meia-noite" e continuar se desenrolando à noite, durante toda a viagem marítima até "Antes que o sol desponte". Daí Zaratustra definir-se como andarilho e escalador de montanhas que se sente diante de seu "último cume", "do mais alto de seus montes", de seu "caminho mais árduo", de sua "mais solitária peregrinação", e por isso precisa descer mais fundo na dor do que um dia já

3. Cf., por exemplo, A, §142; BM, §284; EH, "O nascimento da tragédia", §2.

4. EH, "Prólogo", §3; "Por que sou um destino", §3, respectivamente. Na tragédia grega, e me parece que até mesmo em Sófocles, considerado por Jacqueline de Romilly (cf. *La tragédie grecque*, p.91-7) o trágico do herói solitário, não há afirmação da solidão, como se vê, por exemplo, pela fala de Édipo ao reencontrar suas filhas em Colono: "Chegai-vos, abraçai-me e tereis posto fim à minha lastimável solidão errante" (*Édipo em Colono*, 1112-1114).

desceu.[5] Embora tenha começado a trilhar esse caminho de grandeza[6] em que é impossível seguir os outros e ser seguido por outros — e talvez por isso mesmo —, Zaratustra, durante toda essa caminhada e até a quatro dias de distância das ilhas bem-aventuradas, continua triste e sente o coração ferido como nunca. "Reconheço o meu destino" — disse ele, por fim, com tristeza. — "Pois muito bem! Estou pronto. Começou, agora, a minha última solidão."[7]

A antevisão do eterno retorno

O capítulo seguinte, "Da visão e do enigma" — que juntamente com "Da bem-aventurança a contragosto" e

---

5. "Caminhar solitário faz parte da condição de filósofo", assim já falava Nietzsche, referindo-se a Heráclito, o orgulhoso, em "A filosofia na época trágica dos gregos", §8, para logo depois acrescentar: "mas nada pode adivinhar do que foi o sentimento de solidão que penetrava o eremita efésio do templo de Artemis quem não se encontra petrificado de medo na montanha mais desértica e mais selvagem". A maneira como o *Zaratustra* dramatiza o início dessa etapa final da trajetória de seu personagem-título lembra um *komos*, canto de lamento, da *Antígona*, em que a personagem-título canta: "Concidadãos de minha pátria, vêde-me seguindo o meu caminho derradeiro, olhando o último clarão do sol que nunca mais contemplarei" e o êxodo da mesma *Antígona*, quando Creonte, a caminho da prisão de Antígona, diz: "Estarei indo agora pelo mais funesto de todos os caminhos jamais percorridos?" E depois: "algum deus me impeliu para os caminhos da ferocidade". Em 3 de setembro de 1883, Nietzsche escreve a Peter Gast: "devo-lhe anunciar, não sem tristeza, que o pobre *Zaratustra* atinge agora, com a terceira parte, o mais sombrio — a tal ponto que Schopenhauer e Leopardi, frente a seu 'pessimismo', farão figura de noviças e debutantes".
6. Sobre a grandeza, Nietzsche dirá em *Além do bem e do mal*: "O filósofo revelará algo do seu próprio ideal quando afirmar 'Será o maior aquele que puder ser o mais solitário, o mais oculto, o mais divergente, o homem além de bem e de mal, o senhor de suas virtudes, o transbordante de vontade; precisamente isto se chamará grandeza: pode ser tanto múltiplo como inteiro, tanto vasto como pleno" (§212).
7. "'Este, agora — é o *meu* caminho; onde está o vosso?' — assim respondia eu aos que me perguntavam 'o caminho'. Porque *o* caminho — não existe!", diz Zaratustra no final do capítulo "Do espírito de gravidade".

"Antes que o sol desponte" constituem a etapa da viagem pelo mar —, é um dos mais importantes do livro por ser o primeiro capítulo a enunciar, de modo explícito, o pensamento do eterno retorno. Iniciando a viagem, frio, surdo e mudo de tristeza, depois que o navio atinge a incerteza tenebrosa do alto-mar, longe de todo porto seguro, escuta as coisas estranhas e perigosas que dizem os marinheiros,[8] e lhe aparecem como provas de coragem; Zaratustra, "amigo de todos os que empreendem longas viagens e não gostam de viver sem perigo", resolve contar-lhes "a visão do mais solitário dos homens".[9]

Que conta Zaratustra aos marinheiros? Em primeiro lugar, a conversa que teve com o anão. O "espírito de gravidade", seu "demônio e mortal inimigo", pingava chumbo em seus ouvidos e pensamentos e puxava-o para baixo, para o abismo, enquanto ele subia, "recentemente" — diz ele em provável alusão ao capítulo anterior —, no lívido crepúsculo, uma senda má e solitária; é quando sua coragem — que mata o desencorajamento, a vertigem ante os abismos, a compaixão e até mesmo a morte, por que diz "Era isso a vida? Pois muito bem! Outra vez!" — desafia o anão, afirmando que ele não conhece nem poderia suportar o seu pensamento abissal. A conversa, portanto, é sobre o eterno retorno, e se podem distinguir dois momentos na argumentação.

Inicialmente, a eternidade ou a infinidade do passado e do futuro afirmada por Zaratustra leva o anão a concluir pela circularidade do tempo.

"'Olha esse portal, anão!', prossegui; 'ele tem duas faces. Dois caminhos aqui se juntam; ninguém ainda os percorreu até o fim. Essa longa rua que leva para trás

---

8. "O segredo de colher a maior fecundidade, a maior alegria da existência, consiste em viver perigosamente" (GC, §283).
9. É esse o título de "Da visão e do enigma" em um dos *Fragmentos póstumos*.

dura uma eternidade. E aquela longa rua que leva para a frente — é outra eternidade. Esses caminhos se contradizem, dão de cabeça um no outro; e aqui, neste portal, é onde se juntam. O nome do portal está escrito no alto: 'instante'. Mas se alguém seguisse por um deles e fosse sempre adiante e cada vez mais longe: pensas, anão, que esses caminhos iriam contradizer-se eternamente? 'Tudo o que é reto mente', murmurou, desdenhoso, o anão. 'Toda verdade é torta, o próprio tempo é um círculo'."

Poderíamos pensar que, afirmando a circularidade do tempo, o anão estaria afirmando o eterno retorno. Não é essa, no entanto, a convicção de Zaratustra, embora isso não signifique necessariamente que, para ele, o tempo não seja circular. O que diz o texto é que Zaratustra não se contenta e fica irritado, zangado, com a resposta dada com desprezo, com desdém, pelo anão. Ele a considera superficial, leviana; a resposta apressada de alguém que não mediu as conseqüências do que disse, que não pensou profundamente na questão.

Que faz, então, Zaratustra? Para compreendê-lo é necessário saber melhor quem é o anão. "Do espírito de gravidade" caracteriza-o como aquele que, em vez de "meu bem, meu mal", diz "bem para todos, mal para todos". "De velhas e novas tábuas", §2, diz que o espírito de gravidade criou: coação, lei, necessidade, conseqüência (*Folge*), finalidade, vontade, bem e mal. É possível, por essas simples indicações, dizer que o anão personifica no livro o niilismo, o espírito do negativo, a perspectiva do bem e da verdade introduzida por Sócrates e Platão na filosofia e pelo cristianismo na religião.[10] Sendo assim, a conversa entre Zaratustra e o anão pode ser considerada como o afrontamento entre o saber trágico e o saber ra-

10. Em EH, "O nascimento da tragédia", §1, Nietzsche escreve que nesse livro aludiu aos sacerdotes cristãos como uma "pérfida espécie de anões", de "seres subterrâneos".

cional.[11] E, se esse é o único trecho do livro em que Zaratustra argumenta — e é bom lembrar Aristóteles, para quem o poeta não argumenta mesmo quando seus personagens o fazem[12] —, é que ele está usando contra o anão sua própria arma: a razão.

Que faz, então, Zaratustra? Desenvolve um argumento que leva às últimas conseqüências o pensamento de que o tempo é um círculo. Com que objetivo? Exatamente com o objetivo de mostrar que esse pensamento é pesado demais para que o anão seja capaz de suportá-lo, pois só quem ama dionisiacamente a vida — isto é, para além de bem e de mal — é capaz de suportar e, mais ainda, desejar o pensamento segundo o qual as mesmas coisas retornam precisamente como elas foram, são e serão.

Eis o segundo momento da argumentação de Zaratustra que, como muito bem assinalou Heidegger, desloca a questão dos caminhos para o portal, do passado e do futuro para o instante:[13]

"Olha, continuei, este instante! Desse portal chamado instante, uma longa, eterna rua leva *para trás*: às nossas costas há uma eternidade. Tudo aquilo que *pode* caminhar, não deve, uma vez, ter percorrido esta rua? Tudo aquilo que *pode* acontecer, não deve, uma vez, ter acontecido, passado, transcorrido? E se tudo já existiu: que achas, anão, desse instante? Também este portal já não deve — ter existido? E não estão todas as coisas tão encadeadas, que este instante arrasta consigo todas as coisas vindouras? Portanto — também a si mesmo? Porque aquilo, de todas as coisas, que *pode* caminhar, *deverá* ainda uma vez percorrer — também esta longa rua que leva *para a frente*! E essa lenta aranha que rasteja ao luar,

---

11. Sobre essa interpretação, cf. Laurence Lampert, *Nietzsche's Teaching*..., p.164-9.
12. Cf., por exemplo, Paul Ricoeur, "Rhétorique-poétique-herméneutique", in *De la metaphysique à la rhétorique*, p.148.
13. Cf. Martin Heidegger, *Nietzsche*, I, tr. fr., p.232-4.

e o próprio luar, e eu e tu no portal, cochichando um com o outro de coisas eternas — não devemos, todos, já ter estado aqui? E voltar a estar e percorrer essa outra rua que leva para a frente, diante de nós, essa longa, temerosa rua — não devemos retornar eternamente?"

Esse pensamento exposto por Zaratustra aparece algumas vezes, com pequenas variações, em fragmentos póstumos de Nietzsche dos anos 1881-82 e 1884-88.[14] De um modo geral ele consiste, em primeiro lugar, em negar que o tempo tenha um instante inicial, isto é, que exista um estado de ser antes do devir, ou que o tempo tenha um instante final, isto é, que exista um estado de ser depois do devir. E a prova disso é que o instante atual é um instante que passa. Pois se tivesse havido um estado de ser antes do devir, isto é, um estado inicial, o devir jamais teria saído dele; e sendo o tempo passado infinito ou eterno, o devir teria atingido seu estado final, se houvesse um. Logo, o tempo não tem início nem fim.[15]

É essa a idéia que Deleuze chama de pensamento do puro devir, que funda o eterno retorno como doutrina cosmológica e física, e é valorizada no texto "Da visão e do enigma". Mas o pensamento de Nietzsche não se limita a essa afirmação do puro devir, ou de que, não tendo começo nem fim, o tempo é infinito. Essa passagem de "Da visão e do enigma" e os outros aforismos que a ela se assemelham apresentam uma segunda idéia, dão um segundo passo fundamental na argumentação, que, por mais problemático que seja, está constantemente presente

---

14. Cf., por exemplo, Nietzsche, *Obras incompletas*, "Sobre o niilismo e o eterno retorno", coleção Os Pensadores, §1 e 14, entre os fragmentos de 1881, e §1062 e 1066, entre os de 1884-88.

15. Cf. Deleuze, *Nietzsche et la philosophie*, cap. II, §5. Em "A filosofia na época trágica dos gregos", Nietzsche situava a posição de Parmênides a respeito do infinito: "Nada pode existir de infinito, pois se fosse admitida a existência do infinito o resultado seria a concepção totalmente contraditória de uma infinitude acabada" (§12). Aqui, é como se ele considerasse correto o pensamento de Parmênides, mas ficasse com o infinito em detrimento do ser.

nas formulações de Nietzsche: se o tempo é infinito e as forças, que compõem um mundo finito, são finitas, o curso do tempo não pode ser uma variação contínua de estados novos; ele é um eterno retorno do mesmo. Como diz Heidegger: "em um tempo infinito, o curso de um mundo finito é necessariamente já realizado".[16] É verdade que "Da visão e do enigma" não se refere explicitamente a forças nem à finitude delas, como alguns fragmentos póstumos. Mas parece estar se referindo à vontade de potência ao dizer e sublinhar: "Tudo aquilo que *pode...*". Além disso, "Dos três males", capítulo da terceira parte, diz claramente que o mundo é finito e que a sabedoria de Zaratustra "escarnece de todos os 'mundos infinitos'".

Assim, os temas centrais da conversa com o anão, que Zaratustra relata para os marinheiros, são a circularidade do tempo e o movimento circular e repetitivo de todas as coisas no tempo. Só que não se pode propriamente dizer que estas sejam posições de Zaratustra. Como vimos, não é Zaratustra quem enuncia a circularidade do tempo e sim o anão, seu inimigo, o espírito de gravidade. Zaratustra limita-se a formular uma questão. E quando, em seguida, relacionando a eternidade com o instante, pergunta se o instante não deve retornar eternamente, o que acontece? O anão, representante do pensamento metafísico-cristão, incapaz de suportar o peso do pensamento — trágico — que parecia leve, desaparece, e a questão do eterno retorno de todas as coisas no tempo circular fica simplesmente sem resposta. Além disso o texto assinala que Zaratustra faz as perguntas cada vez mais baixo, porque tem medo de seus próprios pensamentos e do que eles ocultam. É interessante aproximar essa passagem da maneira como Nietzsche comunica verbalmente a Lou Andréas-Salomé a descoberta de seu

16. Martin Heidegger, *Nietzsche* I, tr. fr., p.233.

pensamento abissal: "Jamais poderei esquecer as horas em que ele me confiou pela primeira vez [o pensamento do eterno retorno] como um segredo cuja verificação e confirmação lhe causavam um horror indizível: ele só falava dele em voz baixa e com os sinais manifestos do mais profundo terror".[17]

Mas o relato de Zaratustra aos marinheiros não termina aí. Em seguida, a cena muda bruscamente e ele se encontra, de repente, no meio de selvagens rochedos, sozinho, sob o mais ermo luar. É quando vê um jovem pastor deitado, contorcer-se, sufocado, em convulsão, com o rosto transtornado, cheio de náusea e horror, porque uma negra e pesada serpente pende de sua boca. Zaratustra tenta puxar a serpente, mas não consegue arrancá-la da garganta do pastor. Grita, então, para que ele a morda e decepe-lhe a cabeça. O pastor segue o conselho, morde, cospe bem longe a cabeça da serpente e levanta-se de um pulo. Zaratustra conclui, assim, o relato de sua visão enigmática: "Não mais pastor, não mais homem — um ser transformado, transfigurado, que *ria*! Nunca até aqui, na terra, riu alguém como *ele* ria".

Para interpretar essa visão é preciso apreender o significado de seus dois principais componentes. É preciso saber: quem é o jovem pastor; o que é a negra e pesada serpente. Ora, dois textos de "O convalescente" permitem esclarecer essas questões. Uma passagem evidencia que o jovem pastor em cuja garganta se insinuou a negra e pesada serpente é o próprio Zaratustra. São essas as palavras de Zaratustra aos animais do eterno retorno, a águia e a serpente: "como conheceis bem... de que modo aquele monstro me penetrou na garganta, sufocando-me! Mas eu lhe mordi a cabeça e a cuspi longe de mim". Zaratustra, portanto, está narrando aos marinheiros

17. Lou Andréas-Salomé, *Frédéric Nietzsche*, tr. fr., p.257.

uma visão — ou, melhor ainda, uma antevisão, pois se trata de algo que um dia irá acontecer — que teve de si mesmo.

Essa visão retoma o tema do sonho, provocado pelo encontro com o adivinho, o anunciador do niilismo passivo, que viu "uma grande tristeza descer sobre os homens. Os melhores deles cansaram-se de suas obras. Proclamou-se uma doutrina, que uma fé acompanhava: 'tudo é vazio, tudo é igual, tudo foi'... inútil foi todo o trabalho... Em verdade, já estamos cansados demais para morrer; agora continuamos acordados e vivendo — em câmaras mortuárias". No sonho, ou melhor, no pesadelo que esta previsão provoca, Zaratustra aparece como noturno guardião de sepulcros, acompanhado pela meia-noite, pela solidão e pela morte, a pior de suas amigas, até que um furioso vendaval escancara o portão do "castelo montano da morte" e atira sobre ele um féretro negro que se espatifa, lançando mil gargalhadas de escárnio. Zaratustra, assustado, é atirado ao solo e grita de pavor como nunca antes havia gritado.[18] Na visão do pastor, porém, Zaratustra, sufocado, nauseado, horrorizado com a serpente que lhe penetrou na garganta, se transfigura e ri como até hoje na terra ninguém riu, quando decepa a cabeça da serpente.[19]

O que é, então, a serpente negra e pesada? Diz "O convalescente": "O grande fastio (*Überdruss*) que sinto do homem — isto penetrara em minha garganta e me sufocava; e aquilo que proclamava o adivinho: 'Tudo é igual, nada vale a pena, o saber nos sufoca'". Há, nessa referência ao fastio, à náusea, ao nojo pelo homem, uma indicação importante de que a serpente encarna o niilismo.

---

18. Cf. Z, "O adivinho".
19. O §294 de *Além do bem e do mal* faz referência à maneira "sobre-humana e nova de rir".

Já em *O nascimento da tragédia* Nietzsche via no nojo, no desgosto (*Ekel*) pelo homem que só vê o horror e o absurdo da existência o principal perigo que ameaça a vontade, que só pode ser salva e curada pela arte trágica.[20] E "A visão dionisíaca do mundo", escrito preparatório a *O nascimento da tragédia*, é ainda mais explícito a esse respeito, ao considerar o nojo uma "disposição ascética negadora da vontade" e a arte trágica, o meio de curar essa "disposição de espírito negadora" e "transformar o pensamento de desgosto quanto ao horror e ao absurdo da existência em representações que permitam viver".[21] Em *Ecce homo*, Nietzsche diz que o nojo do homem, da "gentalha", sempre foi o seu maior perigo, salientando que Zaratustra acaba por dominá-lo.[22] A postura de Nietzsche é clara a esse respeito: enquanto se sentir nojo, náusea, fastio, se é niilista. Daí por que a problemática da libertação do nojo está tão presente no *Zaratustra*, principalmente na terceira parte, que toda ela gravita em torno da afirmação do eterno retorno. Além disso, a referência às palavras do adivinho, o profeta, o anunciador do grande cansaço, "tudo é igual, nada vale a pena, o saber nos

---

20. Cf. NT, §7.
21. "A visão dionisíaca do mundo", §3, *Sämtliche Werke*, 1, p.566-7; tr. fr., p.60-1.
22. EH, "Por que sou tão sábio", §8; "Por que sou um destino", §6; "Assim falou Zaratustra", §8. Além da náusea, o outro maior perigo de Zaratustra é a compaixão. "O regresso" o diz explicitamente: "Poupar e compadecer os homens — nisto sempre esteve o meu maior perigo". E toda a quarta parte apresenta a compaixão pelos "homens superiores", como a tentação que Zaratustra sofre e finalmente vence, reafirmando o eterno retorno. Na *Genealogia da moral* (Terceira dissertação, §14) Nietzsche chega a afirmar que a junção desses dois perigos produz o niilismo: "O que é de temer, o que tem efeito mais fatal do que qualquer fatalidade... é... o grande *nojo* ao homem e também a grande compaixão pelo homem. Supondo que esses dois um dia se casassem, inevitavelmente algo de monstruoso viria ao mundo, a 'última vontade' do homem, sua vontade de nada, o niilismo." Sobre a compaixão, cf. A, §132-7, 142; GC, §13, 99, 377; ABM, §59, 202, 222, 225, 269, 293; GM, "Prefácio", §5 e 6, II, §14; EH, "sábio", §4; AC, §7.

sufoca" — que aparecem, com algumas variações em vários capítulos do livro[23] —, remete diretamente ao niilismo passivo. Deste modo, é possível concluir que a pesada serpente negra simboliza o niilismo passivo que sufoca Zaratustra, enchendo-lhe de horror e náusea.

Mas essa conclusão precisa ser aprofundada. Pois se o sonho de Zaratustra foi provocado pelas palavras do adivinho, a visão, em que as palavras do adivinho, anunciador do niilismo passivo, sufocam Zaratustra, se originou da conversa de Zaratustra com o anão, conversa que terminara antes de se saber se tudo deve retornar eternamente. O que implica, segundo as palavras de "O convalescente": "eternamente retorna o homem de que estás cansado, o homem pequeno... Pequeno demais, o maior — era esse o nojo que eu sentia de toda a existência". Eis o importante problema da relação entre niilismo e eterno retorno.

Na interpretação de Deleuze, para quem o tempo nietzschiano, em vez de um círculo, é linha reta, a idéia de que tudo volta, isto é, até mesmo o anão, até mesmo o "homem pequeno", reativo, doente, vingativo, é um sinal de que, em "Da visão e do enigma", o pensamento do eterno retorno está mal formulado, é um pensamento de anão, é um pensamento niilista e, por isso, torna Zaratustra doente.[24] Mas essa não é a única interpretação possível. Porque, a meu ver, um dos aspectos fundamentais da relação do eterno retorno e do niilismo é

---

23. Z, "O adivinho", da segunda parte; "Dos três males", §2, e "De velhas e novas tábuas", §13 e 16, da terceira parte; "O grito de socorro", da quarta parte.

24. Cf. *Différence et répétition*, p.378-81, tr. br., p.464-70; *Nietzsche*, p.36-40; "Conclusions sur la volonté de puissance et l'éternel retour" in *Nietzsche, Cahiers de Royaumont*, p.282-6. Sobre a interpretação deleuziana da vontade de potência e do eterno retorno, cf. meu livro *Deleuze e a filosofia*. Valorizo, no entanto, as afirmações de Deleuze de que há no livro uma "progressão dramática" e de que o Zaratustra herói ainda não está maduro, tendo de perder a suposta identidade do herói.

que, mesmo sendo enunciado corretamente, o pensamento do eterno retorno pode ser opressor, causar o nojo e a insuportabilidade da vida. Ele será opressor enquanto não se tiver a coragem de suportá-lo, aprová-lo ou, melhor ainda, desejá-lo. É por isso mesmo que, desde o capítulo "O adivinho", o livro vem insistindo — e continuará a insistir — na tristeza de Zaratustra e na sua falta de força ou de coragem.

Não há dúvida de que a serpente negra e pesada simboliza o niilismo; mas é indispensável salientar que se trata de um tipo específico de niilismo. Não propriamente o niilismo considerado como desvalorização da vida em nome dos valores superiores, seu primeiro sentido: o niilismo negativo, criado pelo platonismo e por esse "platonismo para o povo" que é o cristianismo, que julgam e desvalorizam a vida temporal com base em um mundo supra-sensível e eterno considerado bom e verdadeiro. Também não se trata propriamente do niilismo entendido como desvalorização dos valores superiores: o niilismo moderno, burguês, niilismo reativo da morte de Deus, reação explícita aos valores superiores instaurados pela criação do Deus cristão. A serpente negra e pesada simboliza, especificamente, o niilismo passivo causado pela impossibilidade de suportar que não haverá um aperfeiçoamento do homem no sentido de um progresso da humanidade, em outras palavras, que o homem pequeno, fraco, doente, reativo, vingativo, culpado, sempre existirá. Parece-me aliás que um dos grandes interesses do pensamento de Nietzsche para nossa atualidade é ele ter previsto, com muita antecedência, a derrocada do otimismo moral. Efetivamente, Nietzsche sentiu, como ninguém, que o maior perigo que traz a morte de Deus é o aumento do niilismo no sentido da própria transformação do niilismo reativo em um novo e ainda mais devastador tipo de niilismo: o niilismo passivo, representado no *Zaratustra* pelo adivinho, personagem inspirado em Schopenhauer, que, não tendo mais esperança em Deus e não acreditando mais em progresso humano, cansa-se, decepciona-se e lamenta-se pelo fato de o homem não ter dado certo.

O mais difícil de suportar no pensamento do eterno retorno é justamente a idéia de que tudo revém, sem esperança de eternidade futura ou de tempo futuro que venham corrigir o instante. E é justamente essa dificuldade que acarreta o perigo de uma identificação do "tudo revém" do eterno retorno com o "tudo dá no mesmo", "tudo é igual, nada vale a pena" do niilismo passivo. "O abismo menor é o último a ser transposto", dizia "O canto noturno"; "o abismo menor é o mais difícil de transpor", diz "O convalescente". A dificuldade do eterno retorno é afirmar que o pequeno revém, sem cair no pensamento paralisante do adivinho, de que nada vale a pena. O que pode provocar a náusea, o nojo, o fastio, o sufoco característicos do niilismo passivo.

Qual é, então, a diferença entre os dois? É uma diferença de atitude, de comportamento; uma diferença de perspectiva. É o fato de a vontade humana ser afirmativa ou negativa em face da realidade tal como ela é, ou ainda mais precisamente, tal como ela devém. Se a serpente é, ao mesmo tempo, a serpente alada, a serpente enrolada no pescoço da águia que voa em amplos círculos nas alturas, e a serpente pesada que, no chão, penetra na garganta do homem; se ela simboliza, ao mesmo tempo, o eterno retorno e o niilismo, é porque, diante da mesma realidade, o homem sem Deus ou sem ídolos, isto é, sem esperanças extraterrenas ou futuras, pode sentir-se sufocado ou alegrar-se, pode considerar que nada tem valor na vida ou que "nada tem valor na vida, a não ser o grau de potência",[25] pode ser um pessimista da fraqueza, um pessimista romântico, ou um

---

25. *Fragmentos póstumos*, verão de 1886-outono de 1887, 5[71(10)].

pessimista da força, clássico, dionisíaco, além de bem e de mal,[26] pode ser o último homem ou o super-homem, pode ser um niilista passivo, esgotado, exausto, ainda incompleto, inacabado, ou um niilista "ativo", "extremo", "completo", "acabado", "perfeito", cuja vontade atinge o máximo de potência ao afirmar o eterno retorno.[27] Assim como *O nascimento da tragédia* considerava a tragédia grega um antídoto para a sabedoria pessimista de Sileno, que proclamava que o bem supremo era não ter nascido e o segundo dos bens morrer o quanto antes, *Assim falou Zaratustra*, vê no eterno retorno o tônico capaz de curar a doença do niilismo passivo, que julga a vida sem sentido e sem valor, tornando sublime o que parece horrível.

Se não for afirmado, querido, desejado, o eterno retorno — a idéia de que tudo revém — pode tornar-se o pensamento mais negro e mais pesado; pode tornar-se um pensamento niilista, dar náusea e oprimir. Mas, para quem tiver a força, a coragem de enfrentar, encarar, assumir esse pensamento abissal, a vida se transformará, criando a leveza sobre-humana do riso. Tal como aconteceu com o jovem pastor, ao morder a serpente e decepar-lhe a cabeça. É essa mordida, é esse ato, essa decisão trágica, que faz com que o eterno retorno deixe de ser uma idéia opressiva, transformando o homem em super-homem.[28] O que evidencia como a questão do super-homem, identificada com o resultado do processo que fará Zaratustra tornar-se filósofo trágico, aparece agora de maneira diferente do "Prólogo", quando dizia respeito ao homem futuro ou ao futuro da humanidade.

---

26. Cf., por exemplo, "Tentativa de autocrítica", §4 e 5; GC, §370.
27. Cf., por exemplo, *Fragmentos póstumos*, verão de 1886-outono de 1887, 5[71(13)]; outono de 1887, 9[1], 9[35], 10[42], 10[43]; novembro de 1887-março de 1888, 11[411(3)].
28. Segundo Heidegger (*Nietzsche*, I, tr. fr., p.345), o pensamento do eterno retorno só existe se for essa mordida.

Estou, assim, privilegiando, no eterno retorno, mais o aspecto prático do que o teórico, mais o aspecto ético do que o cosmológico. Ético, porém, é preciso sublinhar, não quer dizer necessariamente moral. Utilizo o termo no sentido que lhe dá Gilles Deleuze, ao considerar que, enquanto a moral se funda em valores transcendentes ou superiores à vida, como o bem ou o dever, a ética avalia as condutas tomando como referência "leis da natureza", "normas de vida" ou "modos de existência" imanentes, que dizem respeito à força, à intensidade, à potência.[29] E à característica da imanência, explicitada por Deleuze no livro sobre Espinosa, é preciso acrescentar uma outra, para dar conta da posição de Nietzsche: a singularidade. Diferentemente da moral, cuja validade advém da universalidade, a "ética" nietzschiana é uma ética da singularidade. Como transparece no aforismo 335 de *A gaia ciência*, que analisa a natureza das ações morais, logo depois de se distanciar do imperativo categórico kantiano: "É egoísmo, com efeito, considerar o *seu próprio* juízo como uma lei universal; e é um egoísmo cego, mesquinho e sem exigência, porque revela que ainda não se descobriu a si próprio, que ainda não se criou um ideal propriamente pessoal; porque esse jamais poderia ser o ideal de um outro, para não dizer de todos, de todos os outros!". Como transparece também no aforismo 43 de *Além do bem e do mal*, quando caracteriza o filósofo livre de dogmatismo como aquele que poderia dizer. "Meu juízo é *meu* juízo, e não admito facilmente que alguém mais tenha direito a ele." Como transparece ainda no aforismo 221 do mesmo livro, que considera imoral dizer, como faz a moral: "o que é certo (*recht*) para um é certo para outro. Ou como aparece, com mais clareza, nessa passagem do §11 do *Anti-Cristo*: "A 'virtude', o 'dever', o 'bem em si', o bem dotado do caráter de impessoalidade

29. Gilles Deleuze, *Spinoza et le problème de l'expression*, 232-3, p.247-51.

e universalidade — são apenas elucubrações que expressam o declínio, o último grau do enfraquecimento da vida, a chinesice koenisberguiana. É o contrário o que as leis mais profundas da conservação e do desenvolvimento postulam: que cada um invente *sua* própria virtude, *seu* próprio imperativo categórico".

No *Zaratustra*, a afirmação ética do eterno retorno é expressa em ditirambos dionisíacos, canções solitárias que atestam a perspectiva trágica do personagem central e a superação do niilismo. Mas até mesmo quando Nietzsche a propõe, a meia-voz, a possíveis leitores, é como uma sugestão que não obriga incondicionalmente, no sentido de submeter o indivíduo à lei moral universal, mas diz respeito a querer o vivido no instante em que é vivido, afirmando tudo o que ocorre ou a necessidade do acaso como forma de intensificar, de fortalecer a vontade, elevando-a a seu máximo de potência, levando-a a suas últimas conseqüências como auto-superação.[30] Portanto, mesmo se não aparece assim no *Zaratustra*, o sentido supra-moral do "imperativo"[31] da ética nietzschiana poderia ser enunciado da seguinte maneira: viva como se cada instante de sua existência fosse retornar eternamente. Isto é, se, no momento de fazer algo, alguém se perguntar se quer fazê-lo um número infinito de vezes, isto será para ele o mais sólido centro de gravidade. Idéia que Deleuze, ao salientar que ela dá à vontade humana uma regra tão rigorosa quanto a regra kantiana, embora diametralmente diferente desta, vê como sua paródia. O imperativo categórico, fundamento da moral kantiana, diz: "Age unicamente segundo a máxima que faz com que possas querer que ela seja uma lei universal." A

---

30. No fragmento 15[94], da primavera de 1888, Nietzsche fez a seguinte anotação a seu respeito: "procuramos instintivamente uma vida elevada à *enésima* potência (*ein potenzirtes Leben*), a vida no perigo..."

31. O fragmento póstumo 9[27], do outono de 1887, diz: "ao *imperativo categórico*, o imperativo da natureza."

paródia aparece do seguinte modo na formulação de Deleuze: "O que quiseres, queira-o de tal modo que também queiras o seu eterno retorno."[32]

Vemos como a noção de eternidade é duplamente importante na doutrina ou contra-doutrina do eterno retorno. No sentido cosmológico, ela exprime a suspeita em relação à eternidade concebida como exterior, como separada, como um além ou aquém do tempo, assumindo uma postura que procura ultrapassar as oposições metafísicas de valores afirmando a dignidade do tempo, ou da vida temporal, através de sua própria eternidade. "Imprimamos a *nossa* vida a imagem da eternidade! Esse pensamento contém mais do que todas as religiões que desprezam esta vida como fugidia e que nos ensinaram a elevar nossos olhares em direção a uma incerta *outra* vida."[33] No sentido ético, ela significa, por outro lado, que, para Nietzsche, querer a eternização do instante vivido, pela afirmação do seu eterno retorno, é querer a vida, a cada instante, em toda a sua intensidade, em toda sua plenitude, estado supremo de aquiescência à vida considerado por ele única forma de ultrapassar a vontade de nada ou o nada de vontade do niilismo. Se Nietzsche, como acredito, jamais abandonou um dos aspectos do problema é porque sempre considerou indispensável contrapor explicitamente à metafísica uma contra-doutrina física ou cosmológica e à moral uma contra-doutrina ética, vendo no eterno retorno algo que diz respeito tanto ao mundo quanto ao homem, e que permite, justamente, estabelecer entre eles um novo tipo de relação.

Se, no entanto, valorizo mais a atitude, o comportamento do homem em relação ao pensamento abissal do que

---

32. Gilles Deleuze, *Nietzsche et la philosophie*, p.77; "Conclusions sur la volonté de puissance et l'éternel retour", in *Nietzsche, Cahiers de Royaumont*, p.285.
33. *Fragmentos póstumos*, primavera-outono de 1881, 11[159].

sua compreensão teórica — e considero que o *Zaratustra* não está propriamente interessado em estabelecer se o enunciado do eterno retorno é correto ou incorreto, e sim que existe uma postura correta — a da força — e uma postura incorreta — a da fraqueza —, é porque sou sensível ao fato de que não só nessa passagem, mas sempre que Zaratustra fala do aspecto cosmológico do eterno retorno, em vez de dar uma resposta, ele põe uma questão.[34] Não quero dizer que Nietzsche não tenha tido o desejo de provar argumentativamente o eterno retorno cosmológico. Alguns de seus fragmentos póstumos podem facilmente mostrar o contrário. Mas é importante observar que nos textos publicados sobre o eterno retorno — os capítulos do *Zaratustra*, o §341 de *A gaia ciência*, o §56 de *Além do bem e do mal* — a afirmação é mais hipotética do que categórica e o ponto de vista cosmológico está sempre subordinado ao ponto de vista ético.

Deste modo, a questão "tudo que existe deve retornar eternamente?" — questão formulada por Zaratustra e que faz o anão, pequeno demais para suportá-la, desaparecer, causando em seguida em Zaratustra a visão do pastor, e que interpreto eticamente como "você reafirmaria sua vida como ela tem sido a cada momento?" — pode acarretar duas respostas práticas, éticas, dois tipos de comportamento, duas atitudes existenciais: o horror e a náusea do niilismo passivo, ou a alegria e o riso provocados pelo desejo do eterno retorno.

---

34. Heidegger chama a atenção para o fato de que o eterno retorno é uma visão que permanece um enigma, no sentido em que nem pode ser demonstrado nem refutado por via lógica ou empírica — o que, segundo ele, pode ser dito do pensamento essencial de qualquer pensador. Cf. "Quem é o Zaratustra de Nietzsche", op. cit., p.139. Aristóteles, que estudou o enigma na *Retórica* e na *Poética*, diz que "o princípio do enigma é dizer coisas reais por associações impossíveis" (*Poética*, cap.22, 58a26).

O mestre do eterno retorno

Mas Zaratustra ainda não afirmou o eterno retorno; ainda não se superou por um ato de audácia ou de coragem capaz de fazer dele um filósofo trágico. Em "Da visão e do enigma" ele está apenas relatando aos marinheiros em alto-mar uma visão — uma antevisão — que teve no início de sua mais solitária peregrinação, quando ainda se considera um doente: "Eu subia, subia, sonhava, pensava — mas tudo me oprimia. Era como um doente prostrado por seu atroz suplício e que um sonho ainda mais atroz desperta novamente do sono". Quando o capítulo termina, ele ainda convive com tais enigmas e tristezas no coração, confessando ansiar ardentemente o riso do pastor transfigurado. O capítulo seguinte, "Da bem-aventurança a contragosto", continuação de sua viagem pelo mar, deixa claro que ele ainda não teve força suficiente para o último ímpeto e audácia do leão, que há de achar a força de ouvir o seu pensamento abissal cavar sem mais tremer, que ainda não chegou a hora de sua última batalha, que está no meio de sua obra e que, para completar-se a si mesmo, deve passar por sua última prova. E, mesmo quando regressar à solidão de sua caverna — depois de reencontrar os homens e notar que o niilismo de sua doutrina da felicidade e da virtude considerada como bem-estar tornou-os menores, mais cansados, incapazes de saber querer —, ou, mais precisamente, no início de sua última solidão, Zaratustra ainda confessará que está à espera de sua redenção e que, tal como o sol, também quer ter seu ocaso.[35]

Em "O convalescente", "não muito depois de seu regresso à caverna", aparece finalmente a indicação: "Assim termina a descida de Zaratustra!". Juntamente com "Da visão e do enigma", esse é o capítulo do livro mais

---

35. Cf. Z, "De ovelhas e novas tábuas", §3.

explícito sobre o eterno retorno. E, se sua importância é crucial na estrutura dramática do *Zaratustra*, é porque agora o eterno retorno não aparece apenas como uma visão ou uma antevisão; é o próprio Zaratustra que finalmente é nomeado por seus animais o "mestre do eterno retorno": "Pois bem sabem os teus animais, ó Zaratustra, quem és e quem deves tornar-te: és o mestre do eterno retorno — este, agora, é o teu destino!".[36]

Vimos Zaratustra, durante sua viagem pelo mar, perguntar-se quando acharia a força de ouvir o seu pensamento abissal cavar sem mais tremer. Agora, ele chama seu pensamento mais potente, e alegra-se por ele estar vindo, "Eu, Zaratustra, o porta-voz da vida, o porta-voz da dor, o porta-voz do círculo — chamo-te, meu pensamento abissal! Viva! Estás vindo — eu te ouço. O meu abismo fala, revolvi e trouxe à luz a minha última profundeza!". O que acontece então? Vivendo o momento antevisto com a visão do homem sufocado pelo niilismo passivo, mas que finalmente atravessa o abismo mais difícil de ser transposto, ele sente nojo, cai como morto, continuando nessa prostração durante sete dias — alusão aos dias da criação na Bíblia —, ao final dos quais soergue-se no leito. É quando seus animais, que tinham sido atraídos por seus gritos e permanecido a seu lado, iniciam com ele um diálogo cujo tema é justamente o eterno retorno.

Acabamos de ver que o pensamento abissal falou a Zaratustra. Mas ficamos sem saber o conteúdo desta fala, pois Zaratustra, em nenhum momento do diálogo com os animais, revela o segredo. Que seu abismo tenha falado, isso significa que Zaratustra está de posse do segredo da vida — ele, que nesse momento se nomeia porta-voz da vida, da dor, do círculo. Mas que segredo é esse? Os animais pensam conhecê-lo. E que dizem eles?

---

36. No final de CI, Nietzsche se define como o último discípulo do filósofo Dioniso, como o mestre do eterno retorno (Cf. "O que devo aos antigos", §5).

Nada que não tenha sido dito em "Da visão e do enigma". Em primeiro lugar, que "eternamente gira a roda do ser", que "eternamente transcorre o ano do ser", que "curvo é o caminho da eternidade". O que, como vimos, foi a conclusão a que chegou o anão. Em segundo lugar, dizem saber o que Zaratustra ensina: "... que eternamente retornam todas as coisas e nós mesmos com elas...", e que, se Zaratustra quisesse morrer agora, diria para si mesmo, sem tremer: "morro agora... mas o encadeamento de causas em que sou tragado retornará — e tornará a criar-me!... Retornarei com esse sol, com essa terra, com essa águia, com essa serpente! — não para uma vida nova ou uma vida melhor ou semelhante. Eternamente retornarei para essa mesma e idêntica vida, nas coisas maiores como nas menores, para que eu volte a ensinar o eterno retorno de todas as coisas". Como podemos ver, os discursos dos animais são semelhantes aos de Zaratustra, em "Da visão e do enigma", depois dos quais o anão desaparece, com a diferença crucial de que Zaratustra, como salientei, formulou com eles uma questão, enquanto os animais pretendem dar uma resposta.

Qual é a reação de Zaratustra a esses discursos dos animais sobre o conteúdo do eterno retorno? Depois do primeiro, ele repreende, sorrindo, seus animais por terem transformado sua redenção em uma cantilena, uma modinha de realejo, um refrão banal. Depois do último, ele nem sequer responde, pois não mais os ouvia: "... jazia imóvel de olhos fechados, como alguém que dorme, se bem que não dormisse: pois, justamente, discorria com sua própria alma". O que leva Heidegger a dizer que "[Zaratustra] se cala porque conversa com sua alma, porque encontrou seu destino e tornou-se aquele que ele é".[37] Para Nietzsche, só pela afirmação do eterno retorno alguém se torna o que é.

---

37. Martin Heidegger, *Nietzsche,* I, tr. fr., p.247.

"Torna-te o que és", originalmente uma máxima do poeta lírico grego Píndaro,[38] que exerceu grande influência sobre Goethe e Hölderlin, e aparece como sub-título de *Ecce homo* sob a forma imodesta "como alguém se torna o que é", inspira profundamente *Assim falou Zaratustra*. Vimos de que modo a idéia é sugerida pela águia e pela serpente no momento em que identificam em Zaratustra o mestre do eterno retorno. E ela vai reaparecer na quarta parte do livro, em "O sacrifício do mel", quando Zaratustra se define como alguém que, um dia, e não em vão, determinou a si mesmo: "torna-te quem és!", como também em "A sanguessuga", quando constata seu aprendizado trágico, ao afirmar: "eu sou quem devo ser". O sentido que Nietzsche dá a essa expressão paradoxal pode ser encontrado em uma afirmação do §335 de *A gaia ciência*: "*Queremos tornar-nos aqueles que somos — os novos, os únicos, os incomparáveis, aqueles que são seus próprios legisladores, aqueles que são seus próprios criadores*". Vemos, por esse texto, que tornar-se significa criar-se, produzir-se, construir-se e não propriamente descobrir-se, conhecer-se a si mesmo, princípio apolíneo apropriado pelo racionalismo socrático-platônico. O que faz do homem mais um processo de auto-superação, do que uma natureza, uma realidade permanente. Neste sentido, *Crepúsculo dos ídolos* elogia Goethe como aquele que criou-se a si mesmo.[39] Além disso, e essa é a segunda idéia importante do texto, trata-se de tornar-se o que se é — e não o que não se é[40] —, quer dizer, de se criar como singularidade, estabelecer seus próprios valores, constituir-se como seu próprio legislador, dar a si mesmo suas virtudes, para além de normas universais. E

38. Cf. *Pitias*, II, 71.
39. CI, "Incursões de um extemporâneo", §49.
40. Segundo Alexandre Kojève, a moral cristã, moral da conversão, para a qual o homem é o que se torna, tem como máxima "torna-te o que ainda não és" (Cf. *Introduction à la lecture de Hegel*, p.40).

visto que para Nietzsche o devir não aponta para um estado final, não flui em direção a um ser,[41] "o que se é", em vez de indicar deixar de devir, significa afirmar o ser do devir. "Tornar-se o que se é" é atingir o máximo de intensidade que se pode, afirmando integralmente o que se é, em uma perspectiva para além de bem e de mal.

As reações de Zaratustra aos discursos dos animais parecem indicar que eles não têm a mesma compreensão do eterno retorno. O que não significa necessariamente que haja oposição entre essas duas atitudes. O que parece haver é, antes, uma diferença de perspectivas.

O que são os animais de Zaratustra? São os animais do eterno retorno. No entanto, como diz Deleuze, eles exprimem o eterno retorno de uma maneira animal, como uma certeza imediata ou uma evidência natural: "A águia é como o grande ano, o período cósmico, a serpente, como o destino individual inserido nesse grande período". Quer dizer, para os animais, o eterno retorno é a volta dos círculos naturais,[42] a eterna repetição do mundo e das coisas do mundo. E é justamente porque os animais têm uma perspectiva natural com relação ao eterno retorno que eles não passam pela experiência do niilismo — não são ameaçados pelo horror e pela náusea —, nem precisam de coragem para ultrapassá-lo e se redimirem. A perspectiva dos animais está aquém de bem e de mal.

Já a perspectiva de Zaratustra é a de alguém que pode ter uma vontade afirmativa ou negativa e que, portanto, precisa de coragem para viver a vida em sua tragicidade, e não idealizada como vida verdadeira; de alguém para quem pensar o eterno retorno é um ato de afirmação da vontade que se liberta do niilismo na medida em que é

---

41. Cf., por exemplo, *Fragmentos póstumos*, novembro de 1887-março de 1888, 11[72].
42. Cf. Gilles Deleuze, *Nietzsche*, p.43; *Nietzsche et la philosophie*, p.214.

capaz de querer a vida como ela é, ou de querer o eterno retorno de todas as coisas como uma forma de fazer justiça às coisas terrenas, à vida terrena, mesmo que efetivamente ou realmente elas não retornem; isso, na verdade, pouco importa. O que importa para Zaratustra, o que importa para o homem, ao pensar "como se" a vida eternamente retornasse, é tornar-se super-homem, como já era antevisto na cena do pastor e da serpente. Ser super-homem, no sentido trágico que a palavra adquire nesse momento de *Assim falou Zaratustra*, em que além de luz é também trevas, em que não remete mais essencialmente ao futuro, mas ao instante, afirmando o ser do devir, é tornar-se o que se é; ser super-homem é querer o retorno de sua vontade afirmativa, alegrando-se com as coisas tais como elas são, foram e serão; ser super-homem, estar tragicamente diante da existência, é querer a vida, a cada momento, sem reservas, integralmente, incondicionalmente, por toda a eternidade, sendo forte ou pleno a ponto de afirmar até o mais árduo sofrimento; é desejar "o eterno retorno da guerra e da paz", para retomar a formulação do §285 de *A gaia ciência*.[43] O que importa, portanto, na afirmação do eterno retorno, é viver como se cada instante da vida fosse retornar eternamente. Querer a eternização do instante vivido, pela afirmação do seu eterno retorno, é amar a vida com o máximo de intensidade.

A fórmula de Nietzsche para essa aquiescência total à vida é *amor fati*, amor do destino, amor da necessidade.

---

43. Concordo, portanto, com a afirmação de Jean Granier: "Entre o tema do super-homem e o do eterno retorno, a relação de reciprocidade é tão radical que se pode, alternativamente, apresentar o retorno como o princípio da seleção que deve engendrar o super-homem e o super-homem como a condição da afirmação do eterno retorno." (*Le problème de la verité dans la philosophie de Nietzsche*, p.595). Pierre Klossowski considera a doutrina do eterno retorno corolário da do super-homem (cf. *Un si funeste désir*, p.10). Cf. também sobre o assunto, Magnus, Stewart e Mileur, *Nietzsche's Case*, p.30.

Essa fórmula vertiginosa, que parece não ter sido usada antes de Nietzsche, e que pode muito bem ser uma contrapartida ao *amor intellectualis dei* de Espinosa, tem, segundo Charles Andler, como uma de suas fontes de inspiração o consentimento ao destino preconizado por Schiller, e a meu ver ela pode muito bem ser aproximada da fórmula de Goethe: "O dever é amar o que ordenamos a nós mesmos."[44] Não esqueçamos que, no §9 de *O nascimento da tragédia*, Nietzsche expressa a dupla característica apolínea e dionisíaca do Prometeu esquiliano pela formulação do verso 409 do *Fausto* de Goethe: "Tudo que existe é justo e injusto e em ambos os casos é igualmente justificado". E também é bom lembrar um fragmento que, aproximando as maneiras de pensar de Hegel e Goethe, destaca neste último "uma espécie de *fatalismo quase alegre* e confiante, que não se revolta nem se cansa, que procura formar a partir de si próprio uma totalidade, acreditando que é apenas na totalidade que tudo se liberta, aparece bom e justificado."[45]

A primeira vez que a expressão "*amor fati*" aparece na obra de Nietzsche é no voto de ano-novo publicado no início de "Sanctus Januarius", quarto livro de *A gaia ciência*: "*Amor fati*: seja esse de agora em diante o meu amor. Não farei guerra ao feio; não acusarei, nem mesmo os acusadores. *Desviar o olhar*: seja essa minha única negação! Em suma: quero, a partir de agora, ser somente pura adesão." Segundo Ecce homo, isso significa: "nada querer diferente, seja para trás, seja para a frente, seja em toda a eternidade. Não apenas suportar o necessário, menos ainda ocultá-lo — todo idealismo é hipocrisia diante do necessário — mas amá-

44. Cf. Charles Andler, *Nietzsche, sa vie et sa pensée*, I, p.41. Cf. Rudolf Steiner, *Goethe et sa conception du monde*, p.82.
45. *Fragmentos póstumos*, outono de 1887, 9[178].

lo..."[46]. Deste modo, para a vontade que afirma o eterno retorno o peso das coisas muda: ao querer o que é, tornando-se independente com relação à moral e sua dicotomia de valores, a vontade torna leve o peso das coisas.

Uma indicação importante de que há diferença de perspectivas, e não propriamente oposição, entre a posição de Zaratustra e a dos animais é que sua postura em relação a estes é ambivalente. Se, por um lado, eles transformaram o eterno retorno em uma cantilena, em uma "repetição mecânica e natural", como diz Deleuze — e por isso Zaratustra mantém distância com relação à interpretação do eterno retorno que eles propõem —, por outro lado, são os animais que o intitulam "o mestre (*Lehrer*) do eterno retorno", porque assistiram ao que aconteceu, testemunharam sua transfiguração, sua redenção. Daí Zaratustra dizer: "como conheceis bem o que devia se cumprir em sete dias. E de que modo aquele monstro me penetrou na garganta, sufocando-me! Mas eu lhe mordi a cabeça e a cuspi longe de mim".

Em "Da visão e do enigma" Zaratustra estava doente; ainda era um homem doente, incapaz de resistir ao niilismo. Em "O convalescente" descobrimos que o pastor sufocado que morde a cabeça da serpente negra e pesada do niilismo passivo é uma antevisão de Zaratustra e do ato de sua redenção. A importância desse capítulo é realizar não como uma visão, mas efetivamente, a passagem da doença à convalescência e mostrar Zaratustra convalescente, "deitado, cansado daquela mordida e

---

46. EH, "Por que sou tão inteligente", §10. Nesse mesmo livro ("O caso Wagner", §4) Nietzsche escreveu a respeito de si próprio: "o *necessário* não me fere; *amor fati* é minha natureza mais íntima". O fragmento póstumo 15[20], do outono de 1881, relaciona explicitamente o *amor fati* e a moral, no sentido afirmativo que Nietzsche lhe dá: " 'Ama o que é necessário' — *amor fati*, eis o que seria a minha moral, faça-lhe todo o bem possível e eleve-o para além de sua terrível origem, até você."

cuspidura, ainda enfermo de minha própria redenção", como ele mesmo diz. Mas ser convalescente ainda não é possuir a saúde, a "grande saúde, a saúde que não procura evitar nem mesmo a doença".[47] Convalescente, ele ainda suspira e estremece ao lembrar-se da própria enfermidade. Por outro lado, convalescente, ele aprende que para enunciar o eterno retorno é preciso cantar, que deve cantar um novo canto, tendo para isso inclusive necessidade de uma "nova lira": "Não fales mais, tornaram a responder-lhe seus animais, é melhor, convalescente, que prepares, primeiro, uma lira para ti, uma nova lira! Porque... Vê, Zaratustra! Para teus novos cantos, precisas de novas liras. Canta e transborda, Zaratustra, cura a tua alma com novos cantos; para que possas suportar (*tragest*) teu grande destino, que ainda não foi destino de nenhum ser humano! Pois bem sabem os teus animais, Zaratustra, quem és e quem deves tornar-te: és o mestre do eterno retorno — este agora é teu destino!".[48] Há, assim, na trajetória de Zaratustra, uma progressão da doença à convalescença e, finalmente, à saúde.[49] E essa fase da experiên-

---

47. Cf. *Fragmentos póstumos*, agosto-setembro de 1885, 40[66]. Em EH ("Assim falou Zaratustra", §2), Nietzsche diz que para compreender Zaratustra como tipo é preciso conhecer seu pressuposto fisiológico: a grande saúde, transcrevendo, em seguida, com esse objetivo, o §382 de GC. No prefácio de HDH, II, escrito em 1886, Nietzsche vê sua experiência como a história de uma doença e de uma cura (cf. §6) e no prefácio, do mesmo ano, de GC, vê no livro a embriaguez da cura, a alegria das forças recuperadas (cf.§1).
48. O 3º estásimo de *Édipo em Colono* refere-se ao "destino procedente do tenebroso reino onde não há cantos, nem liras, nem danças". Essa passagem do *Zaratustra* bem poderia ser uma alusão a essa ode, em que o coro canta os dissabores, as dores da vida, indicando que nosso alívio é "a morte, epílogo de tudo", e repetindo a idéia de Teógonis: "Melhor seria não haver nascido; ou em segundo lugar, voltar, logo depois de ver a luz, à mesma região de onde se veio".
49. No prefácio de *O caso Wagner*, Nietzsche escreve que sua experiência mais marcante foi a de uma cura; no §3 do mesmo livro, em que defende a saúde contra a doença da decadência, ele define a obra de Wagner como "ópera da salvação". Neste sentido, pode-se dizer que Zaratustra substitui a salvação pela saúde, a "grande saúde".

cia de Zaratustra vem logo a seguir com os "ditirambos dionisíacos" do final da terceira parte, que constituem o ponto culminante do livro e são uma forma de cantar o eterno retorno sem reduzi-lo a uma cantilena.

Um trecho significativo do modo como Nietzsche equacionava a relação entre a palavra e a música, considerados como componentes apolíneo e dionisíaco da poesia lírica, em *O nascimento da tragédia*, diz o seguinte: "Como artista dionisíaco, o poeta lírico, antes de tudo, identificou-se inteiramente ao Uno originário e produz a réplica desse Uno originário em forma de música... em seguida, essa música se torna visível como numa imagem onírica simbólica, sob a influência apolínea".[50] Suprimindo dessa frase a herança de Schopenhauer, presente na dicotomia essência-aparência, que segundo o último Nietzsche faz da música porta-voz do além, é patente a retomada da idéia da complementaridade entre o apolíneo e o dionisíaco na estratégia dramática que faz Zaratustra revelar, como poeta lírico, o que seu abismo lhe falou, a sabedoria trágica que ele finalmente incorpora.

Epílogo

Que modificação, ou melhor, que aprofundamento representam esses cantos do final da terceira parte em relação a "Da visão e do enigma" e "O convalescente"? A seguinte: enquanto as conversas com o anão e com os animais apresentam principalmente uma enunciação física ou cosmológica do eterno retorno, pela afirmação da circularidade do tempo e da conseqüente repetição de todas as coisas nesse tempo circular, esses ditirambos dionisíacos, bem mais próximos da visão e do enigma do pastor e sua serpente, explicitam o eterno retorno numa perspectiva ética propriamente trágica como afirmação

50. NT, §5.

integral da vida, por uma postura que abole as dicotomias, que dissipa as contradições.

Assim, em "Do grande anseio" — que, em um fragmento póstumo, Nietzsche havia intitulado "Ariadne"[51] —, ao enumerar os presentes que deu à sua alma, Zaratustra situa entre eles a afirmação do tempo e do espaço: "Ó, minha alma, ensinei-te a dizer 'hoje' como 'algum dia' e 'outrora' e a dançar a tua ciranda sobre todos os aqui, ali e acolá". "Onde estariam mais perto um do outro do que em ti, o futuro e o passado?".

Assim, em "O outro canto de dança", depois de Zaratustra cantar para a vida "Eu te acompanho na dança, sigo as tuas menores pegadas", a vida lhe responde: "Somos ambos, realmente, imprestáveis para o bem e para o mal. Foi para além de bem e de mal que encontramos nossa ilha e nosso verde prado — nós dois, sozinhos! Por isso já devemos ser bons um com o outro!". E quando, pensativa, a vida lhe diz que ele não é bastante fiel, porque em breve quererá deixá-la, e Zaratustra responde segredando-lhe alguma coisa ao ouvido — o eterno retorno? —, a vida se espanta: "Tu *sabes* isto, Zaratustra? Ninguém sabe isto...", atestando o grau de adesão à vida que Zaratustra atingiu. "Se é necessário, se é um fragmento de fatalidade, se é parte do todo, se *está* no todo", diz *Crespúsculo dos ídolos*.[52] Se Nietzsche critica, desde *O nascimento da tragédia*, a idéia racionalista de que a vida deve ser corrigida, não será porque anseia por uma postura em que o homem se entregue à vida, caia em

51. O fato de Nietzsche haver intitulado esse ditirambo "Ariadne" é importante por indicar ser ele uma resposta ao "Canto noturno", sobre o qual *Ecce homo* escreve: "A resposta a esse ditirambo da solidão dos sóis só poderia ser dada por Ariadne... Mas, além de mim, quem sabe quem é Ariadne?". Além disso, parece haver uma invocação a Dioniso, quando Zaratustra canta: "Para o dourado prodígio, o barco voluntário, e para o seu senhor; mas este é o vindimador, à espera, com sua tesoura de diamante".

52. CI, "Os quatro grandes erros", §8.

seus braços? Na relação dionisíaca com a vida, Zaratustra a abraça com amor, celebrando-a.

Assim, finalmente, "Os sete selos (ou a canção do sim e do amém)" são cantos de amor que selam a união de Zaratustra com a vida[53]— não esqueçamos que a vida é mulher, Ariadne — sob o signo do eterno retorno: "Como não deveria almejar a eternidade e o nupcial anel dos anéis — o anel do retorno? Jamais encontrei a mulher da qual desejaria ter filhos, a não ser esta mulher que amo: pois eu te amo, eternidade!".[54]

Se os ditirambos dionisíacos do final da terceira parte de *Assim falou Zaratustra* — que, ao escrevê-los, Nietzsche pensou que seria a última, considerando seu livro acabado — são canções de aquiescência incondicional à vida, a posição "para além" — para além da oposição eternidade e tempo, ser e devir — que eles expressam, isto é, a superação das dicotomias de valores que eles estabelecem, só é possível pela afirmação do eterno retorno como enunciado sobre a vontade, sobre o querer do homem, e não propriamente sobre a verdade das coisas. Como é magistralmente enunciado no §10 do "Canto ébrio", penúltimo capítulo do livro, que explicita "o canto cujo nome é 'Outra vez' e cujo sentido é 'Por toda eternidade!'", "a cantiga de roda de Zaratustra", as doze badaladas do sino — a nova lira, "uma doce e ébria

53. NT chama "união conjugal" a reconciliação do apolíneo e do dionisíaco na tragédia (cf. §4).

54. É interessante observar que em NT, §23, Nietzsche já afirmava: "O valor de um povo — como de um homem — só se mede por sua capacidade de imprimir à sua vida o selo da eternidade". O importante §370 de GC distingue o pessimismo dionisíaco do romântico com base na vontade de eternização, esclarecendo que ela pode provir tanto de um sentimento de reconhecimento e de amor quanto de um sentimento de vingança. O texto de Nietzsche que melhor expressa a exigência trágica de ultrapassamento da oposição de valores é um fragmento póstumo: "*Imprimir* ao devir o caráter de ser — eis a suprema *vontade de potência... Que tudo retorne* é a mais extrema *aproximação de um mundo do devir e o do ser*: cume da contemplação" (*Fragmentos póstumos*, final de 1886-primavera de 1887, 7[54]).

lira" —, que aparece pela primeira vez em "O outro canto da dança": "O meu mundo acaba de atingir a perfeição, a meia-noite é também meio-dia. A dor é também um prazer (*Lust*), a maldição é também uma bênção, a noite é também um sol; ide embora daqui, senão aprendereis: um sábio é também um louco. Dissestes sim, algum dia, a um prazer? Oh, meus amigos, então o dissestes, também, a *todo* sofrimento. Todas as coisas acham-se encadeadas, enlaçadas pelo amor. E se quisestes, algum dia, duas vezes o que houve uma vez, se dissestes, algum dia: 'Gosto de ti, felicidade! Volta depressa, momento!', então quisestes a volta de *tudo*. Tudo de novo, tudo eternamente, tudo encadeado, entrelaçado, enlaçado pelo amor, então, *amastes* o mundo".[55]

Um fragmento póstumo de 1881 diz: "Mesmo admitindo que a repetição cíclica seja apenas uma verossimilhança ou uma possibilidade, o simples pensamento de uma possibilidade pode nos emocionar e nos transformar, tanto quanto sentimentos ou esperanças. Que se pense na ação que exerceu a simples *possibilidade* da eterna condenação". Outro póstumo da mesma época diz: "Quem não acredita em um *processo circular do todo* tem de acreditar no Deus *voluntário* — assim minha consideração se condiciona na oposição a todas as considerações teístas que houve até agora".[56] E o que aparece nesses textos como uma possibilidade ou como uma crença aparece ainda mais claramente sob a forma de uma suposição, de uma hipótese capaz de transformar a vontade,

---

55. Não é difícil reconhecer no tom dessas afirmações nietzschianas o estilo enigmático de Heráclito, o obscuro, ao estabelecer harmonia ou unidade a partir de um par de contrários: "dia e noite são a mesma coisa" (frag. 57), "bem e mal são a mesma coisa" (frag. 58), "Deus é dia e noite, inverno e verão, guerra e paz, saciedade e fome" (frag. 67).
56. *Fragmentos póstumos*, primavera-outono de 1881, 11[203] e 11[312], respectivamente.

nos dois textos, além dos do *Zaratustra*, publicados sobre o assunto.

Essa forma hipotética estrutura dramaticamente o §341 de *A gaia ciência*, sintomaticamente intitulado "O peso mais pesado", que segundo *Ecce homo* contém a idéia básica do *Zaratustra*, e que, a meu ver, é o fragmento mais belo e completo sobre o eterno retorno: "Que diria você se um dia ou se uma noite um demônio penetrasse em sua solidão mais solitária e lhe dissesse: 'Esta vida, tal como você a vive agora e tem vivido, você terá que vivê-la mais uma vez e inúmeras vezes; e nela nada haverá de novo: cada dor, cada prazer, cada pensamento, cada gemido e tudo o que existe de indizivelmente grande e pequeno em sua vida deverá voltar na mesma ordem e na mesma sucessão — até mesmo esta aranha, este luar entre as árvores, este instante e eu mesmo. A eterna ampulheta da existência sempre será virada novamente — e você com ela, ínfima poeira das poeiras!' — Você cairia no chão rangendo os dentes e amaldiçoando o demônio que lhe falasse assim? Ou estaria vivendo um momento formidável em que lhe responderia: 'Você é um deus; nunca ouvi palavras tão divinas!' Se este pensamento se apoderasse de você, ele lhe transformaria e talvez lhe esmagasse; colocada a respeito de tudo, a questão 'você quer isso mais uma vez e inúmeras vezes' pesaria como o peso mais pesado sobre sua ação. Ou então como seria necessário querer bem a você mesmo e à vida para nada mais desejar a não ser esta última eterna confirmação!".

Hipótese que também compõe a parte mais importante do §56 de *Além do bem e do mal*: afirmar o eterno retorno é querer ter a realidade novamente, tal como ela foi e tal como ela é por toda eternidade, é querer a eternização do que é, através do retorno do instante atual, do instante que passa. Dessa forma, nos textos publicados, o pensamento do eterno retorno aparece principalmente como uma prova, um teste, um desafio que tem por objetivo aquilatar o efeito que a idéia de eterna repetição da vida tem sobre a vontade humana.

Concordo, portanto, com Clement Rosset quando, ao comentar o §341 de *A gaia ciência*,[57] assinala que o eterno retorno é uma simples idéia, uma suposição, uma hipótese, uma ficção, uma questão que diz respeito não à verdade das coisas e sim à reação afetiva do homem, em relação à qual ele se constitui uma prova. Concordo também com Michel Haar, quando salienta esse mesmo aspecto: "Nietzsche não pretende de modo algum demonstrar que o Retorno está efetivamente inscrito no curso das coisas; ele introduz uma simples ficção, uma hipótese, e como que um jogo de imaginação, que se exprime sob a forma de uma questão: 'E se tudo o que é tiver sido?'".[58] E concordo com Gilles Deleuze mesmo quando, mais explícito, aponta que não sobrevivem à prova nem o pequeno homem passivo, o último dos homens, nem o grande homem ativo, heróico,[59] se me for permitido interpretar esse segundo tipo como o homem apolíneo, como é fundamentalmente Zaratustra antes da afirmação de seu pensamento abissal.

A crítica do caráter absoluto, universal, neutro, objetivo do conhecimento, e a defesa de seu caráter perpectivista, ilusório, enganador, é um dos *Leitmotive* da filosofia de Nietzsche. Não é esse um dos motivos pelos quais ele se afasta, por exemplo, de Parmênides? "Parmênides disse: 'não se pode pensar o que não é'; nós estamos no extremo oposto, e dizemos: 'o que pode ser pensado deve ser

---

57. Cf. Clement Rosset, *La force majeure*, p.86.
58. Michel Haar, *Nietzsche et la metaphysique*, p.55. Em *A vida do espírito* (tr. br., p.311), Hannah Arendt considera que a principal característica da idéia nietzschiana do eterno retorno é a de ser "não uma teoria, nem uma doutrina, nem mesmo uma hipótese, mas um simples experimento de pensamento".
59. Gilles Deleuze, *Différence et répétition*, p.382, tr. br., p.468.

certamente uma ficção'."[60] Como nenhum outro, o pensamento que torna a filosofia de Nietzsche um saber trágico, "um *dionisíaco dizer sim* ao mundo, tal como ele é, sem desconto, exceção e seleção",[61] é uma ficção que se reconhece como ficção, uma invenção, uma nobre mentira poética — não esqueçamos que *Zaratustra* é poeta e "os poetas mentem demais"[62] — que não quer e não pode ocupar o lugar da verdade, sob pena de se invalidar como saber trágico; ficção que, mais que qualquer outro modo de expressão utilizado por Nietzsche, exige uma obra ficcional como *Assim falou Zaratustra* para ser convenientemente apresentada.

No meu entender, é esta visão do eterno retorno que tem o Zaratustra trágico. E é sem dúvida neste momento de seu aprendizado que Nietzsche pensa, quando o compara ao Zaratustra persa, "o primeiro a ver na luta entre o bem e o mal a verdadeira roda motriz da engrenagem das coisas" que, tendo criado "o mais fatal dos erros, a moral, deve, por conseguinte, também ser o primeiro a *reconhecê-lo*". Pois o Zaratustra que é a "auto-superação" do Zaratustra persa, o Zaratustra dançarino, o Zaratustra que supera o niilismo moral, metafísico e se torna um filósofo trágico é aquele que tem a mais dura e terrível percepção da realidade e não encontra nisso objeção alguma contra o eterno retorno da vida, mas um motivo de se alegrar com o que é, uma razão a mais para ser o eterno sim e amém a todas as coisas,[63] longe de qualquer vingança ou ressentimento contra o tempo.

---

60. *Fragmentos póstumos*, primavera de 1888, 14[148].
61. *Fragmentos póstumos*, primavera-verão de 1888, 16[32].
62. Z, "Dos poetas". Não esqueçamos também que "A falsidade de um juízo não chega a constituir, para nós, uma objeção contra ele; é também nesse ponto que a nossa nova linguagem soa mais estranha. A questão é em que medida ele promove ou conserva a vida" (ABM, §4).
63. Cf. EH, "Por que sou um destino", §3; "Assim falou Zaratustra", §6.

O final da terceira parte, apresentando em forma de ditirambo o pensamento do eterno retorno como o ápice de um saber trágico, marca o final da descida, do ocaso de Zaratustra. E quando, na quarta parte — que só foi publicada em 1891, por Peter Gast, e, a meu ver, não acrescenta ao livro, que na realidade permaneceu inacabado, nenhum tema fundamental —, depois de ser tentado pelo adivinho a sentir compaixão pelos "homens superiores", seu "último pecado", como diz *Ecce homo*, Zaratustra vence a tentação reafirmando o eterno retorno e a inocência do devir, logo chegam os sinais que ele tanto espera: o bando de pássaros e o leão ridente.[64] Então, Zaratustra abandona sua caverna "ardoroso e forte como um sol matinal surgindo atrás de escuros montes". E se há diferença com relação ao início do livro, quando Zaratustra vai procurar os homens na praça do mercado e experimenta um fracasso pedagógico, ou com relação ao início da segunda parte, quando volta para os discípulos e acaba perdendo a esperança que neles depositava, é que agora ele não sente mais compaixão, nem mesmo pelos homens superiores, os melhores de seu tempo, que afinal se revelam nem tão grandes, nem tão fortes. "Zaratustra amadureceu", diz "O sinal", último capítulo do livro. Por quê? Porque agora sua força é dada por seu pensamento abissal: o pensamento trágico do eterno retorno.

Se Zaratustra termina sozinho é porque ainda não existem companheiros que participem da descoberta, ou melhor, da invenção, desconhecida dos melhores pensadores antigos ou modernos, de um sentido trágico da

---

64. Acredito ser possível aproximar esse simbolismo do convite dionisíaco de NT: "O tempo do homem socrático passou: coroai-vos de hera, tomai o tirso na mão e não vos admireis se tigres e panteras se deitarem, acariciantes, a vossos pés" (§20). Charles Andler nota a semelhança entre o leão nesta cena e na *Novelle* de Goethe, em que uma criança doma, pela música, um leão (cf. C. Andler, *Nietzsche, sa vie et sa pensée*, I, p.20-1).

existência. Se Nietzsche, o solitário que se sentia o homem mais independente do seu tempo,[65] escreveu *Assim falou Zaratustra* indicando como ele se criou a si mesmo e se tornou um filósofo trágico, foi como um presente para que outros raros "espíritos livres", outros "filósofos-artistas", outros nobres "novos filósofos", atinjam a altura ou a profundidade que os tornará quem eles são.

65. Cf. BM, §41.

Sumário de *Assim falou Zaratustra*

PRIMEIRA PARTE

SEGUNDA PARTE

O menino com o espelho
Nas ilhas bem-aventuradas
Dos compassivos
Dos sacerdotes
Dos virtuosos
Da canalha
Das tarântulas
Dos famosos sábios
O canto noturno
O canto de dança
O canto do túmulo
Da superação de si
Dos seres sublimes
Do país da cultura
Do imaculado conhecimento
Dos doutos
Dos poetas
De grandes acontecimentos
O adivinho
Da redenção
Da prudência humana
A hora mais silenciosa

TERCEIRA PARTE

O andarilho
Da visão e do enigma
Da bem-aventurança a contragosto
Antes que o sol desponte
Da virtude que apequena
No monte das oliveiras
Do passar além
Dos renegados
O regresso
Dos três males
Do espírito de gravidade
De velhas e novas tábuas

QUARTA E ÚLTIMA PARTE

Bibliografia

ALDERMAN, Harold. *Nietzsche's gift*. Athens, Ohio University Press, 1977.

———. "Origin and telos. A reconstruction of the relation between *The Birth of Tragedy* and *Thus spoke Zaratustra*". *Research in Phenomenology,* 10, 1980.

ANDRÉAS-SALOMÉ, Lou. *Fréderic Nietzsche.* Paris, Grasset, 1932, reimpr. por Gordon & Breach, 1970.

ANDLER, Charles. *Nietzsche, sa vie et sa pensée.* 3v. Paris, Gallimard, 1958.

ANSELL-PEARSON, Keith. "Who is the *Übermensch*? Time, truth, and woman in Nietzsche", *Journal of the History of Ideas,* v.LIII, n.2, abril-junho de 1992.

———. "Toward the *Übermensch*: Reflections on the year of Nietzsche's Daybreak", *Nietzsche - Studien,* 1994.

ASSAD-MIKHAIL, Fauzia. "Zarathoustra interprète Zarathoustra", *Revue de Métaphysique et de Morale,* n.74, abril-junho de 1963.

BAIER, M. "Das Paradies unter dem Schatten des Schwerten Die Utopie des Zarathustra jenseits des Nihilismus", *Nietzsche-Studien,* 13, 1984.

BEATTY, J. "Zarathustra: the paradoxical ways of the Creator", *Man World,* 3, 1970.

BARRACK, Charles. "Nietzsche's Dionysus and Apollo: Gods in transition", *Nietzsche - Studien,* 1974.

BEMMELEN, Daniel J. van. *Zarathustra.* Stuttgart, 1975.

BENNHOLDT-THOMSEN, Anke. *Nietzsches "Also spracht Zarathustra" als literarisches Phänomen.* Frankfurt, Athenaeum, 1974.

BERKOWITZ, Peter. *Nietzsche. The Ethics of Immoralist.* Cambridge, Harvard University Press, 1995.

BLANCHOT, Maurice. "Réflexions sur le niilisme". "Sur un changement d'époque: l'exigence du retour" in *L'entretien infini.* Paris, Gallimard, 1969.

BERTALLOT, Hans-Werner. *Hölderlin-Nietzsche. Untersuchungen zum hymnisches Stil in Prosa und Vers.* Berlim, 1967.

BERTRAN, Maryanne. "'God's second Brunder' — Serpent, Woman and the Gestalt in Nietzsche's Thought", *Southern Journal of Philosophy*, 19, 1981.

BINDSCHEDLER, Maria. *Nietzsche und die poetische Lüge*. Berlim, Walter de Gruyter, 1966.

BERGOFFEN, Debra. "The eternal recurrence, again", *International Studies in Philosophy*, XV/2, verão de 1983.

BLEECKERE, Sylvain de. "*Also sprach Zarathustra: Die Neugestaltung der Geburt der Tragödie*", *Nietzsche-Studien*, 8, 1979.

CACCIARI. "Aforisma, tragedia, lirica", *Nuova Corrente*, 68/69, 1975-76.

CALDER, William M. "The lion laughed", *Nietzsche-Studien*, 14, 1985.

CAUCHI, Francesca. "Figures of *Funambule*: Nietzsche's parable of the ropedancer", *Nietzsche-Studien*, 23, 1994.

CLAYTON, John Powell. "Zarathustra and the stages of life's way: A Nietzsche riposte to Kierkegaard?", *Nietzsche-Studien*, 14, 1985.

COMBEE, Jerry H. "Nietzsche as cosmologist: The idea of the eternal recurrence as a cosmological doctrine and some aspects of its relation to the doctrine of will to power", *Interpretation*, 4, 1974.

CONWAY, Daniel. "Overcoming the *Übermensch*: Nietzsche's revaluation of values", *Journal of the British Society for Phenomenology*, 20, 1989.

DANTO, Arthur. *Nietzsche as Philosopher*. Nova York, Macmillan, 1965.

DAUER, D.W. "Nietzsche and concept of time", in AA. VV., *The Study of Time*. Berlim-Nova York, 1975, p. 81-97.

DEL CARO, Adrian. "Anti-romantic irony in the poetry of Nietzsche", *Nietzsche-Studien*, 12, 1983.

————. "The immolation of Zarathustra. A look at 'The Fire Beacon'", *Colloquia Germanica*, 17, 1984.

————. *Nietzsche contra Nietzsche: Creativity and the Anti-Romantic*. Baton Rouge, Louisiana State University Press, 1989.

DELEUZE, Gilles. *Nietzsche et la philosophie*. Paris, PUF, 1962.

————. *Nietzsche*. Paris, PUF, 1965.

————. "Conclusions — sur la volonté de puissance et l'éternel retour", in *Nietzsche, Cahiers de Royaumont*. Paris, Minuit, 1967.

DEL-NEGRO, Walter. *Die Rolle der Fiktionen in der Erkenntnistheorie Friedrich Nietzsches*. Munique, Röse und Co, 1923.

DERRIDA, Jacques. *Éperons: Les styles de Nietzsche*. Paris, Flammarion, 1978.

DIAS, Rosa Maria. *Nietzsche e a música*. Rio de Janeiro, Imago, 1994.

D'IORIO, Paolo. "Cosmologie de l'éternel retour", *Nietzsche-Studien*, 24, 1995

EGGERT-SCHROEDER, H. "Nietzsches Erlebnis des grossen Mittags", in *Deutscher Almanach*, 8, 1937, p.153-73.

EWALD, Oskar. *Nietzsches Lehre in ihren Grundbegriffers: Die ewige Wilderkrunft des Gleichen und der Sinn des Übermenschen*. Berlim, Hoffmann, 1903.

FERRAZ, Maria Cristina Franco. *Nietzsche, o bufão dos deuses*. Rio de Janeiro, Relume Dumará, 1994.

FINK, Eugen. *Nietzsches Philosophie*. Stuttgart, Kohlhammer, 1960.

FOGEL, Gilvan. "A determinação do espírito de vingança", in *Uma história da filosofia: verdade, conhecimento e poder*, vol.IV: *As concepções revolucionárias do homem e do mundo*. Rio de Janeiro, Univerta/UFRJ, 1990.

FOSTER, John Burt. *Heirs to Dionysus: A Nietzschean Current in Literary Modernism*. Princeton, Princeton University Press, 1981.

FRIZEN, Werner. "'Von der unbefleckten Erkenntnis' Zu einem Kapitel des *Zarathustra*", *Deutsche Vierteljahrsschrift für Literaturwissenschaft und Geistesgeschichte*, 58, 1984.

GADAMER, Hans-Georg. "Das Drama Zarathustras", *Nietzsche-Studien*, 15, 1986.

GIACCÓIA, Oswaldo. "Entrevista", *Cadernos de Subjetividade*, v.2, n.1 e 2, 1994.

GIANAROLO, P. "Le rêve dans la pensée de Nietzsche", in *Revue de l'Enseignement Philosophique*, 28, n.5, 1977-78, p.11-32.

GILMAN, Sander L. "*Incipit parodia*: The function of parody in the typical poetry of Friedrich Nietzsche", *Nietzsche - Studien*, 4, 1975.

————. *Nietzschean Parody: An Introduction to Reading Nietzsche*. Bonn, Bouvier Verlag Herbert Grundman, 1976.

GORDON, H. "Nietzsche's Zarathustra as educator", *Journal of Philosophy of Education*, 2, 1980.

GRAMZOW, O. *Kurzer Kommentar zum "Zarathustra"*. Berlim, 1907.

GRANIER, Jean. *Le problème de la verité dans la philosophie de Nietzsche*. Paris, Seuil, 1966.

GRILLE, Dietrich. "Der Übermensch heisst 'neuer Mensch'. Nietzsche als Quelle kulturrevolutionärer Neomarxismen", *Deutsche Studien*, 12, 1974.

GROOS, Karl. "Der paradoxe Stil in Nietzsches *Zarathustra*", *Zeitschrift für angewandte Psychologie und psychologische Sammelforschung*, 7, 1913.

GRUNDLEHNER, Philip. *The Poetry of Friedrich Nietzsche*, Nova York, Oxford University Press, 1986.

HAAR, Michel. *Nietzsche et la métaphysique*. Paris, Gallimard, 1993.

HAASE, Marie-Luise. "Der Übermensch in *Also sprach Zarathustra* und in Zarathustra-Nachlass 1882-1885", *Nietzsche-Studien*, 13, 1984.

HAISER, F. *Im Anfang war der Streit. Nietzsche Zarathustra und die Weltanschauung des Altertums*. Munique, 1921.

HALÉVY, Daniel. *Nietzsche*. Paris, Grasset, 1994; tr. br.: *Nietzsche*. Rio de Janeiro, Campus, 1989.

HARPER, Ralph. *The seventh solitude: Man's isolation in Kierkegaard, Dostoievsky and Nietzsche*. Baltimore, Johns Hopkins University Press, 1980.

HÉBER-SUFFRIN, Pierre. *Le Zarathoustra de Nietzsche*. Paris, PUF, 1988; tr. br. Rio de Janeiro, Jorge Zahar, 1991.

HEIDEGGER, Martin. "Nietzsches Wort 'Gott is tot'", in *Holzwege*, Frankfurt, Klostermann, 1950; tr. fr.: *Chemins qui ne mènent nulle part*. Paris, Gallimard, 1962.

————. "Wer ist Nietzsches Zarathustra?", in *Vorträge und Aufsätze*. Pfulliger, Neske, 1954; tr. fr.: *Essais et conférences*. Paris, Gallimard, 1958.

————. *Nietzsche*. 2v. Pfulliger, Neske, 1961; tr. fr. *Nietzsche*, Paris, Gallimard, 1971.

————. *Was heisst denken?*. Tübingen, Max Niemeyer Verlag, 1954; tr. fr.: *Qu'appelle — t-on penser?*. Paris, PUF, 1983, 4ª ed.

HELLER, Eric. *The Poet's Self and the Poem: Essays on Goethe, Nietzsche, Rilke and Thomas Mann*. Londres, Athlone Press, 1976.

HIGGINS, Kathleen. "'The night song's, answer", *International Studies in Philosophy*, XVII, n.2, verão de 1985.

————. "Nietzsche's view of philosophy style", *International Studies in Philosophy*, XVIII, verão de 1986.

————. "Nietzsche on music", *Journal of the History of Ideas*, outubro-dezembro de 1986.

————. *Nietzsche's Zarathustra*. Filadélfia, Tempe University Press, 1987.

HOLLINRAKE, Roger. *Nietzsche, Wagner and the Philosophy of Pessimism*. Londres, George Allen & Unwin, 1982; tr. br.: *Nietzsche, Wagner e a filosofia do pessimismo*. Rio de Janeiro, Jorge Zahar, 1986

HOWEY, R.L. "Some reflections on irony in Nietzsche", *Nietzsche-Studien*, 4, 1973.

JANKELEVITCH, S. "L'unique et le surhomme, le problème de la personnalité chez Stirner et chez Nietzsche", in *Revue de l'Allemagne*, 1931, p.27-40, 216-43.

JANZ, Curt Paul. *Friedrich Nietzsche Biographie*, Munique, Carl Hansen Verlag, 1978; tr. fr.: Paris, Gallimard, 1985.

KAUFMANN, Walter. *Tragedy and Philosophy*. Princeton, Princeton University Press, 1968.

————. *Nietzsche: Philosopher, Psychologist, Antichrist*. 4ª ed., Princeton University Press, 1974.

KAULBACH, Friedrich. *Sprachen der ewigen Wiederfunft. Die Denksituationen des Philosophen Nietzsche und ihre Sprachstile*, Würzburg, 1985.

————. *Philosophie des Perspektivismus*. Tübigen, J.C.B. Mohr, 1990.

KAULHAUSEN, Marie Hed. *Nietzsches Sprachstil. Gedeutet aus seinem Lebensgefühl und Weltverhältnis*. Munique, 1977.

KLOSSOWSKI, Pierre. *Un si funeste désir*. Paris, Gallimard, 1963.

————. *Nietzsche et le cercle vicieux*. Paris, Mercure de France, 1969.

————. "Circulus vitiosus", in *Nietzsche aujourd'hui?*, tomo 1, *Intensité*. Paris, 10/18, 1973.

KOCH, Martin. "Zarathustra ist kein décadent! Überlegung zu *Also sprach Zarathustra*", *Nietzsche-Studien*, 13, 1984.

KOFMAN, Sarah. *Nietzsche et la métaphore*. Paris, Payot, 1972.

KOLPAKTSCHY, G., DE LA HERVERIE, B. "Le mot d'un énigme; la source maçonnique de *Ainsi parlait Zarathustra*". *Mercure de France*, 1934, p.498-510.

KRUEGER, Joe. "Nietzschean recurrence as a cosmological hypothesis", *Journal of the History of Philosophy*, 16, 1978.

KUEHNEMUND, R. "Faust and Zarathustra in our time", *Germanic Review*, 15, 1940.

KUNNAS, Tarmo. "Das Gute und das Böse in *Also sprach Zarathustra*", *Studia Neophilologica. A Journal of Germanic and Romance Philology*, 48, 1976.

————. *Nietzsche Lachen. Eine Studie über das Komische bei Nietzsche*. Munique, Edition Wissenschaft & Literatur, 1982.

KUNNE-IBSCH, Elrud. "Textstruktur und Rezeptionsprozess em Beispiel von Nietzsches *Zarathustra*", in Fokkema, E. Kunne-Ibsch, A. van Zoest (org): *Comparative poetics. Poetique comparative. Vergleichende Poetik*, 1976. Amsterdã.

LAMBERT, B. "Les grandes théories. Nietzsche et le théâtre", *Littérature*, n.9, Paris, 1973, p.3-30.

LAMPERT, Laurence. "Zarathustra and his disciples", *Nietzsche-Studien*, 8, 1979.

————. "Zarathustra's dancing song", *Interpretation*, 2/3, 1979.

————. *Nietzsche's Teaching. An Interpretation of "Thus Spoke Zarathustra"*. New Haven, Yale University Press, 1986.

LANDMANN, Michael. "Zum Stil des *Zarathustra*", *Trivium*, n.2, 1944.

LEA, Frank A. *The Tragic Philosopher: A Study of Friedrich Nietzsche*. Londres, Methuen, 1957.

LEBRUN, Gérard. "Surhomme et homme total", manuscrito, outubro de 1978.

————. "Quem era Dioniso?", *Kriterion*. Belo Horizonte, 1985.

LEYEN, F, von der. "Die Sprache des *Zarathustra*", *Literaturwissenschaftliches Jahrbuch*, nova série, n.3, 1962.

LIEBERT, Georges. *Nietzsche et la musique*. Paris, PUF, 1995.

LOVE, Frederick. "Nietzsche's quest for a new aesthetic of music", *Nietzsche-Studien*, 6, 1977.

LÖWITH, Karl. *Nietzsches Philosophie der ewigen Widerkehr des Geichen*. Stuttgart, Kohlhammer, 1956.

————. *Von Hegel zu Nietzsche*. Stuttgart, Kohlhammer, 1958.

LUKE, F.D. "Nietzsche and the imagery of height", in M. Pasley (org.) *Nietzsche's Imagery and Thought: A Collection of Essays*. Londres, Methuen, 1978.

MACHADO, Roberto. *Nietzsche e a verdade*. Rio de Janeiro, Rocco, 1984.

————. "Deus, homem, super-homem", *Kriterion*, n.89, v.XXXV. Belo Horizonte, janeiro-julho de 1994.

————. "Arte e filosofia no *Zaratustra* de Nietzsche", *Artepensamento*. São Paulo, Companhia das Letras, 1994.

MAGNUS, Bernd. "Nietzsche's eternalistic counter-mith", *Review of Metaphysics*, 26, junho de 1973.

————. *Nietzsche's Existential Imperative*. Bloomington, Indiana University Press, 1978.

————. "Eternal recurrence", *Nietzsche-Studien*, 8, 1979.

————. "Perfectibility and attitude in Nietzsche's *Übermensh*", *Review of Metaphysics*, 36, 1983.

MAGNUS, Bernd, Stanley STEWART & Jean-Pierre MILEUR, *Nietzsche's Case*. Nova York/Londres, Routledge, 1993.

MAN, Paul de. *Allegories of Reading: Figural Language in Rousseau, Nietzsche, Rilke and Proust*. New Haven, Yale University Press, 1979.

MARTINI, Fritz. "Friedrich Nietzsche: *Also sprach Zarathustra*", *Das Wagnis der Sprache*. Stuttgart, 1954.

MARTON, Scarlett. *Nietzsche. Das forças cósmicas aos valores humanos*. São Paulo, Brasiliense, 1990.

————. "O eterno retorno do mesmo: tese cosmológica ou imperativo ético?", in Adauto Novaes (org.) *Ética*. São Paulo, Companhia das Letras, 1992.

————. "Nietzsche e Hegel, leitores de Heráclito — a propósito de uma sentença de Zaratustra: 'Da superação de si'", *Discurso*, 21, 1993.

MASINI, Ferrucio. "Struttura della 'Überwindung' nell'*Also sprach Zarathustra*", in *Miscellanea di studi in onore di B. Tecchi*. Roma, 1969.

————. "Rhythmisch — metaphorische 'Bedeutungsfelder' in *Also sprach Zarathustra*. Die metasemantische Sprache des *Also sprach Zarathustra*", *Nietzsche-Studien*, 2, 1973.

MAYRHOFER, M. "Zarathustra und kein Ende?", *Acta Antiqua*, 25, n.1-4, 1977.

MECKEL, Markus. "Der Weg Zarathustras als der Weg des Menschen", *Nietzsche-Studien*, 9, 1980.

MESSER, A. *Erlaüterung zu Nietzsches "Zarathustra"*. Stuttgart, 1922.

MILLER, C.A. "Nietzsche's 'Daughters of the desert': A reconsideration", *Nietzsche-Studien*, 2, 1973.

MILLER, J. Hillis. "*Gleichnis* in Nietzsche's *Also sprach Zarathustra*", *International Studies in Philosophy*, 17, n.2, verão de 1985.

MOLES, Alastair. *Nietzsche's Philosophy of Nature and Cosmology*. Nova York, Peter Lang, 1990.

MONTINARI, Mazzino. *Nietzsche lesen*. Berlim, Walter de Gruyter, 1982.

MORAWA, Hans. *Sprache und Stil von Nietzsches "Zarathustra" Ein Beitrag zur Erkenntnis seines geistig-seelischen Ausdrucksgehalts*. Berlim, 1958.

MÜLLER-LAUTER, Wolfgang. *Nietzsche, Seine Philosophie der Gegensätze und die Gegensätze seiner Philosophie.* Berlim/Nova York, Walter de Gruyter, 1971.

NAUMANN, Barbara. "Nietzsches Sprache 'aus der Natur'. Ansätze zu einer Sprachtheorie in den frühen Schriften und ihre metaphorische Einslösung in *Also sprach Zarathustra*", *Nietzsche-Studien*, 14, 1985.

NAUMANN, Gustav. *Zarathustra-Kommentar.* 4v. Leipzig, 1899-1901.

NEHAMAS, Alexander. "The eternal recurrence", *Philosophical Review*, 99, 1980.

————. *Nietzsche: Live as Literature.* Cambridge, Harvard University Press, 1985.

NEUMANN, Harry. "Superman or last man? Nietzsche's interpretation of Athens and Jerusalem", *Nietzsche-Studien*, 5, 1976.

————. "Nietzsche, the superman, the will to power, and the eternal return", *Ultimate Reality and Meaning*, 5, 1982.

NIETZSCHE, Friedrich. *Sämtliche Werke.* Edição crítica organizada por G. Colli e M. Montinari. Berlim/Nova York, Walter de Gruyter, 1967-77; tr. fr.: *Oeuvres philosophiques complètes. Écrits posthumes.* Paris, Gallimard, 1977.

————. *Sämtliche Briefe.* Berlim/Nova York, Walter de Gruyter, 1975; tr. fr. Paris, Gallimard, 1986.

————. *Obras incompletas.* São Paulo, Abril Cultural, col. Os Pensadores.

O'FLAHERTY, James C. "The intuitive mode of reasoning in *Zarathustra*", *International Studies in Philosophy*, 15, n.2, verão de 1983.

ODUER, Stepham F. *Auf der Spuren Zarathustra. Der Einfluss Nietzsches auf bürgerliche deutsche Philosophie.* Colônia, Pahl-Rugenstien Verlag, 1977.

PANGLE, Thomas L. "The 'Warrior Spirit' as an inlet to the political philosophy of Nietzsche's Zarathustra", *Nietzsche-Studien*, 15, 1986.

PARONIS, Margot. *"Also sprach Zarathustra". Die Ironie Nietzsches als Gestaltungsprinzip.* Bonn, Herbert Grundmann, 1976.

PASQUALOTTO, Giangiorgio. *Così parlò Zaratustra* (Introdução e comentário). Milão, Rizzoli Edittore, 1985.

PERKINS, Richard. "How the ape becomes a superman", *Nietzsche-Studien*, 15, 1986.

————. "The genius and the better player: Superman an the elements of play", *International Studies in Philosophie*, 15, n.2, verão de 1983.

PFEFFER, Rose. *Nietzsche: Disciple of Dionysos.* Lewsburg, Bucknell University Press, 1972.

PFEIFFER, Arthur. "Die Rollen des Zarathustra", *Deutsche Vierteljahrsschrift für Literaturwissenschaft und Geistesgeschichte*, 18, 1940

PHILONENKO, Alexis. *Nietzsche, le rire et le tragique.* Paris, Le Livre de Poche, 1995.

PIEPER, Annemarie. *Ein Seil geknüpft zwischen Mensch und Übermensch.* Stuttgart, Klett-Cotta, 1990.

PIGA, F. *Il mito del superuomo in Nietzsche e D'Annunzio.* Florença, 1979.

PIPPIN, Robert. "Niezsche and the origin of the ideas of modernism", *Inquiry,* 22, 1983.

————. "Irony and affirmation in Nietzsche's *Thus spoke Zarathustra*", in Michael Allen Gillespie, Tracy B. Strong *Nietzsche's new seas.*

PLATT, Michael. "What does Zarathustra whisper in life's ear?", *Nietzsche-Studien,* 17, 1988.

PÜTZ, Heinz Peter. *Kunst und Künstlerexistenz bei Nietzsche und Thomas Mann.* Bonn, Bourier 1963.

————. "Der Mythos bei Nietzsche", in H. Koopmann, (org.), *Mythos und Mythologie in der Literatur des 19. Jahrhunderts.* Frankfurt, 1979, p.251-62.

RAUH, M. "Die einsamkeit Zarathustras. Eine Untersuchung des 4 Teiles von F. Nietzsche *Also sprach Zarathustra*", *Zeitschrift für Religions und Gesistes Geschichte,* 21, 1969.

REED, T.J. "Nietzsche's animals: idea, image and influence", in Malcolm Pasley, *Nietzsche: Imagery and Thought.* Londres, 1978.

ROBBINS, L. "Zarathustra and the magician, or Nietzsche contra Nietzsche. Some difficulties in the concept of the overman", *Man World,* 9, 1976.

ROLLESTON, James. "Nietzsche, expressionism and modern poetics", *Nietzsche-Studien,* 9, 1980.

ROSEN, Stanley. *The Mask of Enlightenment. Nietzsche's Zarathustra.* Cambridge, Cambridge University Press, 1995.

ROSENHOEFFT, Wilhelm. *Nietzsches Zarathustra — Wahn.* Berna, 1972.

ROSSET, Clement. *La force majeure.* Paris, Minuit, 1983.

RUPP, G. *Rhetorische Strukturen und kommunikative Determinanz Studien für Textkonstitution des philosophischen Dirkurses im Werk F. Nietzsches.* Berna/Frankfurt, 1976.

RZEPKA, J.R., ANUSCHEWSKI, W. *Index zu Friedrich Nietzsche "Also sprach Zarathustra".* Essen, W. Anuschewski, 1983.

SALAQUARD, Jörg. "Zarathustra und der Esel. Ein Untersuchung der Rolle des Esels in Vierten Teil von Nietzsches *Also sprach Zarathustra*", *Theologia Viatorum,* XI, 1973.

SALLET, André. "Essai d'interprétation du prologue du *Zarathoustra* de Nietzsche", *Études Germaniques,* 5, 1950.

SCHACHT, Richard. "Zarathustra as educator", in Peter R. Sedgwick, *Nietzsche, A Critical Reader.*

SCHLECHTA, Karl. *Nietzsches Grossen Mittag.* Frankfurt, Vittorio Klostermann, 1954.

SCHRIFT, Alan D. "Language, metaphor, rhethoric: Nietzsche's deconstruction of epistemology", *Journal of the History of Philosophy,* 23, n.3, julho de 1985.

SEVERINO, G. "L'eterno ritorno dell'identico nello Zarathustra di Nietzsche", *Il Pensiero,* 16, 1971.

SHAPIRO, Gary. "Festival, carnival and parody in *Zarathustra* IV", in David Goicoechea (org.) *The Great Year of Zarathustra.* Nova York, Viking Press, 1969.

———. "The rhethoric of Nietzsche's *Zarathustra*", *Boundary Two,* 8, n.2, 1980.

———. *Nietzschean Narratives.* Bloomington/Indianapolis, Indiana University Press, 1989.

SILK, M.S., STERN, J.P. *Nietzsche on Tragedy.* Cambridge, Cambridge University Press, 1981.

SLOTERDIJK, Peter. *Der Denken auf der Bühne. Nietzsche Materialismus.* Frankfurt, Suhrkamp Verlag, 1986.

SMALL, Robin. "Three interpretations of eternal recurrence", *Dialogue, Canadian Philosophical Revue,* v.22, n.1, março de 1983.

SOLL, Ivan. "Reflexions on recurrence", in Robert Salomon (org.) *Nietzsche: a Collection of Critical Essays.* Garden City, Doubleday, 1973.

SONODA, Muneto. "Zwischen Denken und Dichten. Zur Weltstruktur des *Zarathustra*", *Nietzsche-Studien,* 8, 1979.

SÖRING, Jürgen. "Incipit Zarathustra — Vom Abgrund der Zukunft", *Nietzsche-Studien,* 8, 1979.

SPINDLER, J. "Die Figur des Teufels in Nietzsches 'Zarathustra' und in Seinem 'Ecce homo' — Nietzsches Umkehr", *Preussische Jahrbücher,* 177, 1919.

STAMBAUGH, Joan. *Untersuchungen zum Problem der Zeit bei Nietzsche.* Haia, 1959;

———. *Nietzsche's Thought of Eternal Return.* Baltimore, Johns Hopkins University Press, 1972.

———. "Thoughts on the innocence of becoming", *Nietzsche-Studien,* 14, 1985.

STERLING, M.C. "Recent discussions of eternal recurrence: Some critical comments", *Nietzsche-Studien,* 6, 1977.

SUAREZ, Rosana. *Linguagem e arte nos primeiros escritos de Nietzsche,* dissertação de mestrado. Rio de Janeiro, IFCS/UFRJ, 1990.

SUSINI-CONSTANTINI, H. "Gérard de Nerval. Friedrich Nietzsche. Une prophétie du Retour Eternel", in *Cahiers Internationaux du Symbolisme,* n.24-5, 1973.

THATCHER, D.S. "Eagle and serpent in Zarathustra", *Nietzsche-Studien,* 6, 1977.

VITENS, Siegfried. *Die Sprachkunst Friedrich Nietzsches in "Also sprach Zarathustra".* Bremen, 1951.

VIVARELLI, Vivetta. "Empedokles und Zarathustra: Verschwender Reichtum und Wollust am Untergang", *Nietzsche-Studien,* n.18, 1989.

VOLKMANN-SCHLUCK, Karl H. "Die Stufen der Selbstüberwindung des Lebens. Erläuterung zum dritten Teil von Nietzsches *Zarathustra*", *Nietzsche-Studien,* 1, 1972.

WEICHELT, Hans. *Zarathustra Commentar.* Leipzig, Felix Meiner, 1922.

————. "Nietzsche ohne Zarathustra. Die Entkitschung Nietzsches: Der Kritische Aufklärer", *Nietzsche-Studien*, 1, 1972.

WEISS, Allen S. "The symbolism and celebration of the Earth in Nietzsche's *Zarathustra*", *Nietzsche-Studien*, 8, 1979.

WITTE, Erich. *Das Problem des Tragischen bei Nietzsche.* Halle, Karmmerer, 1904.

WOLFE, Peter. "Image and meaning in *Also sprach Zarathustra*", *Modern language Notes*, 79, 1964.

ZUBOFF, Arnold. "Nietzsche and eternal recurrence", in Robert Salomon, (org.) *Nietzsche: A Colection of Critical Essays.* Garden City, Doubleday,1973.

ZUCKERMAN, Elliot. "Nietzsche and music: *The Birth of Tragedy* and *Nietzsche contra Wagner*", *Symposium,* 28, primavera de 1984.

Bibliografia complementar citada

ARENDT, Hannah. *A vida do espírito*. Rio de Janeiro, Relume-Dumará, 2ª ed., 1993.

AUBENQUE, Pierre. "La découverte grecque des limites de la rationalité", in *La naissance de la raison en Grèce*. Paris, PUF, 1990.

BAKHTIN, Mikhail. *Esthétique et théorie du roman*. Paris, Gallimard, 1978.

BURKHARDT, Jacob. *História da cultura grega*; tr. esp. Barcelona, Obras Mestras, 1953.

DELEUZE, Gilles. *Différence et répétition*. Paris, PUF, 1968.

———. *Spinoza et le problème de l'expression*. Paris, Minuit, 1968.

———. e Félix GUATTARI. *Qu 'est-ce que la philosophie?*. Paris, Minuit, 1991.

ELIADE, Mircea. *História das crenças e das idéias religiosas*. Rio de Janeiro, Zahar, 1978.

GOETHE, J.W. von. *Os anos de aprendizado de Wilhelm Meister*. São Paulo, Ensaio, 1994.

HABERMAS, Jürgen. *O discurso filosófico da modernidade*. Lisboa, Dom Quixote, 1990.

HEIDEGGER, Martin. *Was heisst denken?*. Tübingen, Max Niemeyer Verlag, 1954, tr. fr. *Qu'appelle-t-on penser?*. Paris, PUF, 1983, 4ª ed.

HÖLDERLIN, Friedrich. *Hipérion*. Petrópolis, Vozes, 1994.

KOJÈVE, Alexandre. *Introduction à la lecture de Hegel*. Paris, Gallimard, 1968.

MACHADO, Roberto. *Deleuze e a filosofia*. Rio de Janeiro, Graal, 1990.

NAGY, Gregory. *Le meilleur des achéens*; tr. fr. Paris, Seuil, 1994.

OTTO, Walter. *Les dieux de la Grèce*; tr. fr. Paris, Payot, 1993.

REINHARDT, Karl. *Sophocle*; tr. fr. Paris, Minuit 1971.

RICOEUR, Paul. "Rhétorique-poétique-herméneutique", in *De la métaphysique à la rhétorique*.

ROMILLY, Jacqueline de. *La tragédie grecque*. Paris, PUF, 1992, 4ª ed.

ROSENFELD, Anatol. *O teatro épico.* São Paulo, Perspectiva, 1985.

SCHÜLER, Donaldo. *Aspectos estruturais na Ilíada.* Porto Alegre, Ed. da URGS, 1972.

STEINER, George. *Antígonas.* Barcelona, Gedisa Editorial, 1991.

STEINER, Rudolf. *Goethe et sa conception du monde.* Lausanne, Éditions Anthroposophiques Romandes.

VERNANT, Jean-Pierre e Pierre VIDAL-NAQUET. *Mithe et tragédie en Grèce ancienne.* Paris, Maspero 1972.

————. *Mito e tragédia na Grécia antiga II.* São Paulo, Brasiliense, 1991.

Índice remissivo